Persuasión

Lo que necesita saber sobre influencia, manipulación, psicología oscura, inteligencia emocional, comportamiento humano, engaño, negociación, PNL, control mental y aptitudes sociales

© Copyright 2020

Todos los derechos reservados. Ninguna parte de este libro puede ser reproducida de ninguna forma sin el permiso escrito del autor. Los revisores pueden citar breves pasajes en las reseñas.

Descargo de responsabilidad: Ninguna parte de esta publicación puede ser reproducida o transmitida de ninguna forma o por ningún medio, mecánico o electrónico, incluyendo fotocopias o grabaciones, o por ningún sistema de almacenamiento y recuperación de información, o transmitida por correo electrónico sin permiso escrito del editor.

Si bien se ha hecho todo lo posible por verificar la información proporcionada en esta publicación, ni el autor ni el editor asumen responsabilidad alguna por los errores, omisiones o interpretaciones contrarias al tema aquí tratado.

Este libro es solo para fines de entretenimiento. Las opiniones expresadas son únicamente las del autor y no deben tomarse como instrucciones u órdenes de expertos. El lector es responsable de sus propias acciones.

La adhesión a todas las leyes y regulaciones aplicables, incluyendo las leyes internacionales, federales, estatales y locales que rigen la concesión de licencias profesionales, las prácticas comerciales, la publicidad y todos los demás aspectos de la realización de negocios en los EE. UU., Canadá, Reino Unido o cualquier otra jurisdicción es responsabilidad exclusiva del comprador o del lector.

Ni el autor ni el editor asumen responsabilidad alguna en nombre del comprador o lector de estos materiales. Cualquier desaire percibido de cualquier individuo u organización es puramente involuntario.

Índice

INTRODUCCIÓN 1
PARTE I 3
FUNDAMENTOS DE LA PERSUASIÓN 3
CAPÍTULO 1: COMPRENSIÓN DE LAS EMOCIONES 4
    ¿QUÉ SON LAS EMOCIONES? 5
    ¿POR QUÉ TENEMOS EMOCIONES? 6
    LAS EMOCIONES Y SUS RAZONES 8
CAPÍTULO 2: COMPRENSIÓN DEL LENGUAJE CORPORAL 11
    BRAZOS 12
    CUERPO 13
    OJOS 14
    ROSTRO 16
    MANOS 18
    CABEZA 21
    PIERNAS Y PIES 22
CAPÍTULO 3: ENTENDIENDO LA EMPATÍA 24
    ¿QUÉ ES LA EMPATÍA? 24
    PROPÓSITO DE LA EMPATÍA 25
    CÓMO IMPORTA LA EMPATÍA 27
PARTE II 29
FORMAS DE PERSUADIR 29
CAPÍTULO 4: PSICOLOGÍA OSCURA 30
    ¿QUÉ ES LA PSICOLOGÍA OSCURA? 30

Usos de la psicología oscura 31
Identificando la psicología oscura 34
Resistiendo a la psicología oscura 35

CAPÍTULO 5: INTELIGENCIA EMOCIONAL 38
¿Qué es la Inteligencia Emocional? 39
Rasgos de la inteligencia emocional alta 40
Los cuatro dominios de la inteligencia emocional 43
Cómo la inteligencia emocional influye en los demás 46

CAPÍTULO 6: PROGRAMACIÓN NEUROLINGÜÍSTICA (PLN) 50
¿Qué es la PNL? 51
PNL transformacional vs. Psicoterapia 52
Reprogramándose 53

CAPÍTULO 7: ANÁLISIS DE LA CONDUCTA HUMANA 56
Definiendo el análisis de la conducta 56
Control de las conductas 57

PARTE III 61
FORMAS DE PERSUADIR, INFLUIR Y MANIPULAR 61
CAPÍTULO 8: INFLUENCIA Y PERSUASIÓN 62
Principios universales de persuasión 63
La ética restante 68

CAPÍTULO 9: TÉCNICAS DE MANIPULACIÓN 70
Transmitir las altas expectativas 70
Control del lenguaje corporal 71
Crear consistencia en el comportamiento 72
Normas sociales y presión 73
Exposición repetida 74
Términos 75
Motivar a través de las limitaciones 76

CAPÍTULO 10: ENGAÑO 79
Definición de engaño 79
Descubriendo el engaño 80

Esté atento a las señales de alerta o de estrés 80
Grupo de lenguaje corporal no verbal 81
Usando el engaño 83
Detener el engaño con las preguntas correctas 84

CAPÍTULO 11: NEGOCIACIÓN 86
Definición de negociación 86
Descubriendo la negociación 88
Cómo negociar 88
Cuándo no negociar 91

CAPÍTULO 12: CONTROL MENTAL 93
Definición del control mental 93
Usando el control mental 94
Control mental vs. lavado de cerebro 96
Señales de intento de control mental 97

CAPÍTULO 13: HABILIDADES SOCIALES REALES 101
¿Cuáles son las verdaderas habilidades sociales? 101
Desarrollo de buenas habilidades sociales 104
Cómo hacer enemigos y cómo evitarlos 108

CONCLUSIÓN 110

Introducción

Imagine que usted está en una importante entrevista de trabajo. Realmente necesita el trabajo, le ofrece un aumento sustancial que le permitirá cubrir cómodamente todas sus necesidades y gastos. ¿Cómo sabe cómo comportarse? ¿Debería cambiar lo que hace? ¿Cómo se asegura de agradarle a la otra persona?

Puede ser increíblemente difícil entrar a una entrevista o a algún otro tipo de escenario en el que su éxito depende de si le gusta a alguien, especialmente si siente que no es particularmente agradable tal como es. Sin embargo, hay formas de persuadir e influenciar a la gente para que les agrade. A través de diversas formas de hablar, la manera en que se comporta, e incluso la rapidez o la frecuencia con que sonríe puede enviar señales a la mente de la otra persona, indicando inconscientemente a la otra persona que responda de determinadas maneras. Esencialmente puede controlar las percepciones que la otra persona tiene de usted simplemente siendo consciente de usted mismo y comprendiendo lo que su propio lenguaje corporal implica cuando hace ciertas cosas.

Esta es una habilidad increíblemente útil en el mundo real: cuando usted es muy persuasivo, es probable que obtenga sus propios resultados deseados más frecuentemente. Puede ser capaz de utilizar sus habilidades de persuasión en una larga línea de carreras, incluyendo ventas y negociaciones. Puede ser capaz de ser un mejor líder y gerente para un grupo de personas. Todo esto puede ser increíblemente beneficioso cuando intenta salirse con la suya. Ser capaz de persuadir a otros a querer trabajar con usted significa que es mucho más probable que usted consiga lo que pretende. Por supuesto, esto no significa que deba manipular o mentir a la gente para conseguir lo que desea, más bien piense en esto como ser capaz de hacer que la gente se sienta a gusto para que elija ayudarle en lugar de engañarlos o hacer algo turbio. Este libro no es para aprender a manipular o abusar de la gente. Este libro no recomienda hacerlo, ni le enseñará cómo manipular o abusar de nadie. Las habilidades que aprenderá al leer este libro están destinadas únicamente a ser educativas y a beneficiarle socialmente y en su trabajo de manera honesta.

Con este libro, usted aprenderá la información fundamental en la persuasión —aprenderá acerca de las emociones, cómo leer el lenguaje corporal de las personas, y todo acerca de la empatía. A partir de ahí, se le mostrarán varios tipos diferentes de pensamiento sobre la persuasión de los demás —psicología oscura, el uso de la inteligencia emocional, PNL, y el análisis de la conducta humana. Por último, usted aprenderá acerca de las diferentes tácticas a utilizar para influir, persuadir y manipular de la manera más ética posible. Todo en este libro le ayudará en sus interacciones sociales con otras personas, y encontrará información valiosa que puede usar para su beneficio y el de los demás. Recuerde, los mejores líderes y gerentes son aquellos que son capaces de influenciar y persuadir éticamente de manera que beneficie a todos. Si usted puede hacer eso, las habilidades que adquirirá le llevarán lejos.

Parte I
Fundamentos de la persuasión

Capítulo 1: Comprensión de las emociones

Emociones —todos las tenemos. Todos las sentimos. Sin embargo, no todos las entendemos. Son cosas volubles, que cambian constantemente tanto como el clima, y cada pequeña cosa parece impactarlas de alguna forma o manera. Tienen un propósito muy específico: motivar. Nos permiten navegar por el mundo, balanceando nuestras acciones o la falta de ellas. A pesar de que tienen un propósito, motivarnos a sobrevivir, pueden ser poco fiables. Pueden ser influenciadas, manipuladas y controladas, tanto por usted como por otras personas. Esto las hace increíblemente importantes de entender antes de que empecemos a profundizar en el mundo de la influencia y la persuasión: están en la base de todo. Cuando usted entienda lo que son las emociones y cómo funcionan, estará más preparado para usarlas en su beneficio, a medida que aprenda las habilidades que este libro le proporcione. Entenderá cómo pueden ser usadas para su beneficio: puede usar el miedo de alguien a ser herido para persuadirlo a que compre un auto que tenga una mejor calificación de seguridad, lo cual puede ser beneficioso para un vendedor de autos. Puede utilizar el buen humor de alguien para tener una mejor oportunidad de influir en alguien para que haga lo que usted necesita que haga. No importa la emoción, cada una tiene una función específica, y cuando las entienda, podrá utilizarlas al máximo de su potencial.

¿Qué son las emociones?

Dicho de la manera más simple posible, las emociones son estados mentales instintivos que son causados e influenciados por la situación en la que uno se encuentra, su estado de ánimo o sus relaciones con las personas que lo rodean. Esto significa que son sentimientos que vienen por sí mismos basados en todo lo que le rodea. Sin muchas habilidades y entrenamiento, usted tiene muy poco control sobre cómo se siente. Aunque es posible influir en sus propios sentimientos, se necesita práctica. Van y vienen, proporcionando una constante retroalimentación entre lo que observa a su alrededor y lo que su cuerpo hace, actuando como una especie de intermediario que se comunica entre los dos. El mundo influye en sus emociones, lo que influye en su cuerpo, que influye e interactúa con el mundo que lo rodea. Las emociones son las traducciones de su entrada sensorial a un lenguaje que su cuerpo entiende, y su cuerpo reacciona intuitivamente en respuesta.

Estas emociones pueden ser reducidas a una especie de ecuación: las emociones son las sumas de su entorno, la forma en que su entorno influye en su cuerpo, y su comprensión del entorno. Esto se puede descomponer en lo siguiente:

[Entorno o evento] + [Reacción del cuerpo] + [Entendimiento del entorno o evento] = [emoción]

Esto significa que el mundo que le rodea y la forma en que reacciona, ambos impactan en la emoción que siente. Ahora, ambos son relativamente simples de influenciar cuando se trata de persuadir a alguien. Puede modificar o cambiar el entorno o el evento con sus propias acciones y palabras. Incluso puede influir en las reacciones y el lenguaje corporal de otra persona a través del desarrollo de la relación. Esto significa que dos de los tres componentes de la emoción pueden ser controlados por sus propias acciones. Puede literalmente influenciar las emociones de otras personas si aprende a controlar el entorno y sus propias reacciones. Esto es, por supuesto, más fácil de decir que de hacer, pero está dentro del ámbito de lo posible.

¿Por qué tenemos emociones?

Con la comprensión de lo que son las emociones, es hora de empezar a entender su propósito. En general, están acostumbradas a influir en el comportamiento. Son lo que causa reacciones instintivas, corazonadas. Piense en un animal —son en gran parte influenciados por sus emociones. Cuando se sienten enojados, atacan. Cuando se sienten tranquilos, están a gusto. Van por la vida permitiendo que sus emociones gobiernen sus comportamientos. Esto puede funcionar para muchos animales diferentes, pero en la sociedad, eso es inaceptable. No podemos actuar solo por capricho —si golpeamos a cada persona que sentimos la necesidad de golpear, no llegaríamos muy lejos. En una sociedad justa y equitativa, debemos estar dispuestos a considerar los sentimientos y necesidades de los demás, y eso no es algo que podamos hacer cuando somos esclavos de nuestras propias pasiones.

El instinto y las reacciones instintivas que se basan en las emociones son en gran medida para la supervivencia. Nos sentimos protectores de nuestros hijos y nos enfurecemos cuando alguien amenaza a nuestros hijos. Esto asegura que los mantengamos a salvo el tiempo suficiente para crecer. Nos sentimos felices cuando vemos a nuestras parejas románticas. Esto se debe a que nos unimos a ellos y nos emparejamos con ellos para criar niños, asegurando la supervivencia de la información genética. Nos sentimos asustados o ansiosos cuando hay una amenaza, lo que nos anima a comportarnos de forma vigilante y a prepararnos para hacer frente a una amenaza si llega a ocurrir. Estas reacciones intuitivas están destinadas a mantenernos vivos por más tiempo. Sin embargo, en la sociedad actual, muchos de estos sentimientos son exagerados o ya no están permitidos en comparación con lo que ha sucedido. Tenemos leyes en vigor, procedimientos para hacer frente a las diferentes fechorías, y estamos viviendo en gran medida en zonas que no son ni de lejos tan mortales como lo fue el mundo una vez. No tenemos que buscar justicia nosotros mismos si alguien nos ataca a nosotros o a nuestra familia, ya que la ley lo hará por nosotros. Mucha gente que vive en las ciudades no tiene que temer que un oso o un puma intenten comérselos en medio de la noche. Desde que hemos evolucionado para ser una especie social que vive en proximidad y hemos desarrollado la capacidad de pensar racionalmente, ya no tenemos que hacer lo que nuestras emociones impulsivamente sugieren.

Las emociones también tienen un segundo propósito: actúan como una forma de comunicación. Junto con las emociones y la racionalidad, los humanos han desarrollado la empatía, que se tratará más adelante. Sin embargo, simplificando, la empatía permite a las personas entender los sentimientos de otras personas. Cuando tenemos sentimientos, no solo nos indicamos a nosotros mismos cómo interactuar con el mundo, sino que indicamos a los que nos rodean nuestro estado emocional actual, lo que se traduce en necesidades que ocurren en ese momento.

Las emociones están típicamente acompañadas por el lenguaje corporal. Este lenguaje es ampliamente universal —los humanos tienen varias expresiones que se usan universalmente para transmitir emociones, sin importar la cultura, o incluso la capacidad de ver. Incluso las personas que son ciegas de nacimiento comparten estas mismas expresiones faciales. Esto se debe a que tienen un propósito biológico: permiten la comunicación sin hablar.

Cuando usted ve a alguien sonriendo, sabe que se siente feliz. Cuando usted ve a alguien con el ceño fruncido, la boca caída y llorando, usted entiende que están tristes. Entiende su emoción, y a menudo, especialmente si se trata de alguien cercano, intenta actuar de manera que satisfaga las necesidades de la otra persona. Por ejemplo, si ve a su hijo llorando y claramente triste, es probable que se detenga y se asegure de que está bien. Del mismo modo, si ve a su cónyuge enfadado, es probable que intente comunicarse y descubrir qué es lo que está mal. El estado emocional de la otra persona, y el lenguaje corporal que ese estado emocional transmite, le permite comprender lo que la otra persona necesita, y usted es capaz de ayudarla. Esta comunicación no verbal es crucial en las sociedades y especies sociales, ya que cuando toda la familia, la tribu o cualquier otra unidad de personas interactúan juntas, necesitan entenderse de un vistazo. Necesitan saber si las otras personas se sienten amenazadas o enojadas. Cuando ven que otra persona está enfadada, saben que algo se ha sobrepasado de alguna manera. Cuando ven a otra persona que tiene miedo, saben que necesitan estar preparados para una amenaza. Cuando ven a alguien que está tranquilo y contento, saben que todo está bien. Esta comunicación no verbal permite interacciones fluidas que mantienen al grupo funcionando mejor que si nadie entendiera cómo se sienten los demás o qué necesitan los demás.

Las emociones y sus razones

Es importante entender qué son las emociones y por qué las tenemos, pero también hay que entender bien lo que significan las emociones a nivel individual. A continuación, están las siete emociones básicas sobre las que se construyen todos los demás sentimientos, y lo que significan:

Ira

Cuando se enfadan, la gente baja las cejas con los párpados levantados y los labios apretados. Esto transmite agresión o intimidación –implica que la persona que siente ira está lista para atacar, ya sea en defensa o simplemente por atacar. Esto es lo que la gente siente cuando percibe que alguien se está aprovechando de ellos o que han sido perjudicados de alguna manera. Transmite una necesidad de límites o de protección.

Desprecio

Cuando se siente desprecio, la expresión es casi neutra —un lado del labio se levanta ligeramente y brevemente, y la ceja puede levantarse ocasionalmente también en el mismo lado del labio. Esto transmite que el individuo siente desprecio u odio hacia lo que sea que haya provocado la respuesta de desprecio. Transmite una especie de asco en el que se desea evitar a la otra parte.

Disgusto

Cuando se disgustan, las cejas se vuelven hacia abajo. La nariz se arruga y los ojos se entrecierran. La boca se abre ligeramente, con el labio superior levantado. Esto transmite que algo alrededor del individuo es tóxico o dañino de alguna manera y debe ser evitado. Transmite la necesidad de evitar lo que sea que los haya ofendido.

Miedo/Ansiedad

Cuando tienen miedo, la gente levanta las cejas y abre los ojos. La boca suele estar ligeramente abierta. Esto prepara al individuo para luchar o huir —sus ojos abiertos permiten que ingrese más luz, y la boca abierta permite respirar más oxígeno. Esto transmite que hay algún tipo de peligro o amenaza para el individuo y transmite la necesidad de seguridad o protección.

Alegría

Cuando está feliz, la persona generalmente sonríe. Los músculos que rodean los ojos del individuo se tensan, causando arrugas. Cuando siente alegría, está transmitiendo que está satisfecho y que no tiene más necesidades que satisfacer, y que lo que sea que esté sucediendo en ese momento es bueno.

Tristeza

Alguien que está triste levantará el interior de sus cejas, con los párpados sueltos, y los labios vueltos hacia abajo. La tristeza le indica a la persona que debe ir más despacio o retirarse, y le comunica que ha habido algún tipo de pérdida. Transmite una necesidad de curación y apoyo.

Sorpresa

Cuando uno se sorprende, típicamente se levantan las cejas y los párpados, y la boca se ensancha. Típicamente, los ojos también se dilatan. Esto permite una mirada más amplia para ver los alrededores y asegurarse de que todo está bien. Esto transmite que algo nuevo e inesperado ha sucedido y requiere atención.

Capítulo 2: Comprensión del lenguaje corporal

El lenguaje corporal es crucial para entender a otras personas, lo que significa que es crucial si desea ser capaz de influir en otras personas. Cuando entienda el lenguaje corporal, no solo podrá observar a la otra persona y entender sus procesos de pensamiento en tiempo real, sino que también podrá modificar su propio lenguaje corporal de manera que la otra persona se relaje o esté más dispuesta a hablar con usted. También podrá entender la intención de los demás si vigila su lenguaje corporal. Podrá saber más o menos de qué humor están de un vistazo si puede entender cómo leerlos.

Usted puede desarrollar una relación a través del lenguaje corporal, lo que significa que desarrollará algún tipo de cercanía percibida, si sabe lo que está haciendo. Si usted se relaciona más con alguien, es más probable que consiga que él o ella acepte hacer algo por usted si y cuando usted lo necesite. Este capítulo le guiará, parte por parte del cuerpo, en lo que significan los diferentes tipos de lenguaje corporal. La próxima vez que usted salga o esté con un grupo de personas, intente leer a las otras personas buscando las diversas señales que se enumeran en este capítulo —puede que se sorprenda al descubrir que usted puede influir en la dinámica del grupo asumiendo también parte del lenguaje.

Brazos

Los brazos, en general, son bastante ágiles —son fáciles de mover en una amplia gama de formas debido a las habilidades de las articulaciones y los movimientos generales. Los brazos pueden moverse hacia arriba, abajo, de lado, hacia afuera, hacia adentro. Pueden levantarse y doblarse. Los brazos son también medidas fantásticas del estado mental de la otra persona. Son bastante expresivos, y aunque la gente generalmente tratará de controlar sus brazos para ocultar su lenguaje corporal, hay formas de atraparlo en acción.

Brazos reprimidos

Cuando se reprimen los brazos y los hombros, están generalmente fuera de alcance y son más difíciles de agarrar durante un posible ataque físico. Esto es un signo de defensiva o incomodidad.

Brazos que se extienden hacia adelante

Cuando usted extiende sus brazos, está haciendo una de dos cosas, y el contexto determina cuál de las dos se está haciendo. O bien extiende los brazos en la comodidad de otra persona, o lo hace de forma agresiva. Típicamente, se ve como un ataque cuando se hace rápidamente o con cualquier otro signo agresivo, y de la misma manera, puede ser visto como un signo de comodidad para alguien cercano a usted cuando se hace suave y lentamente.

Cruce de brazos

Esto es esencialmente crear una barrera. Transmite actitud defensiva, timidez, incomodidad, falta de confianza o desconfianza. Esto es proteger físicamente los órganos vitales dentro del pecho, creando una barrera más entre usted y quienquiera que esté interactuando actualmente. También ocurre cuando alguien acaba de escuchar malas noticias —cuando los brazos cruzados también se combinan con agarrar los brazos con las manos, es típicamente un intento de auto-calmarse.

Brazos extendidos

Cuando expande sus brazos y hombros, abriendo su pecho, está mostrando signos de confianza. Esto hace que parezcas más grande y más confiado y cómodo en su entorno, mientras que el repliegue de los brazos y los hombros implica una actitud defensiva o de incomodidad.

Brazos levantados

Los brazos levantados en el aire son típicamente una especie de puntuación de cualquier emoción que se sienta —piense en esto como el signo de exclamación de las emociones. Si la persona está feliz y levanta los brazos, es probable que esté extasiada. Si está enfadada y lo hace, probablemente esté furiosamente frustrada. Si tiene miedo, puede estar absolutamente aterrorizada mientras huye.

Brazos quietos

Cuando los brazos se mantienen quietos, ya sea completamente planos a los lados, o cuando se usa un brazo para sujetar el otro, implica que la otra persona está mintiendo o siendo deshonesta de alguna manera. Este comportamiento es el intento de la otra persona de controlar su lenguaje corporal en un intento de ocultar algo.

Cuerpo

Prestar atención al comportamiento general del cuerpo y la proximidad es también increíblemente importante cuando se intenta leer a alguien. Usted puede saber cuán interesado o abierto está alguien en base a la distancia natural mantenida, o incluso cuán cerca parece imitarte. Cuando usted es capaz de entender esto, es capaz de adaptar sus propias acciones para obtener las reacciones que desea.

Reflejo

El reflejo se refiere a la tendencia inconsciente de imitar lo que alguien cercano está haciendo en el momento. Usted puede repetir su lenguaje corporal, cruzar las piernas cuando la otra persona lo hace, o tomar un trago al mismo tiempo. Esto se hace con las personas con las que estás cerca, o que le gusta. Es probable que refleje a alguien con el que se sienta cómodo en el momento, o que le interese. Esto es algo bueno —si usted nota que la otra persona lo está imitando, usted tiene una indicación bastante buena de que la otra persona se siente cómoda con usted o le gusta. En una entrevista, esto es una buena señal de que las cosas van bien, y si un cliente lo hace, el cliente probablemente confía realmente en usted. Si usted nota que la otra persona no se está reflejando en usted, puede comenzar a reflejar a la otra persona para convencerla de que usted confía en ella, y aumentar la probabilidad de que la otra persona comience a reflejarse en usted también.

Proximidad

Prestar atención a lo cerca que está la otra persona de usted es también un indicador clave de lo cómodo que se siente con usted. Cuando se inclinan o se colocan más cerca de usted, implica cercanía, comodidad e interés. Por el contrario, cuando mantienen su distancia física, a menudo es porque no quieren continuar la interacción. Pueden sentirse incómodos con usted, o pueden encontrar que usted está siendo deshonesto o generalmente desagradable. Si se da cuenta de que la otra persona está tratando de tomar distancia, es una buena señal de que la otra persona ha terminado con la conversación.

Ojos

Los ojos son increíblemente expresivos. A pesar de que tienen un rango de movimientos relativamente limitado, usted puede saber la gran mayoría de las veces cómo se siente otra persona simplemente mirando a través de los ojos. Prestar atención a dónde giran, si se dilatan, y más, puede darle una tonelada de información que puede usar a su favor.

Parpadeo

Preste atención a cuánto parpadea la otra persona cuando está tratando de notar sus pensamientos. Cuanto más frecuentemente parpadee alguien, mayor será la probabilidad de que esté estresado o sea deshonesto, aunque el parpadeo rápido también puede ocurrir cuando la otra persona está pensando mucho en algo. Sin embargo, las personas que no parpadean suelen parecer agresivas. Piense en por qué se le dice que no mantenga contacto visual con grandes depredadores o animales cuando se enfrente a ellos —se considera grosero, agresivo y demasiado directo la mayoría de las veces. La misma regla se aplica a los humanos. Si establece un contacto visual directo y no parpadea, manteniendo el contacto visual todo el tiempo que pueda, es probable que se considere agresivo o dominante, y probablemente hará que la otra persona se sienta incómoda.

Contacto visual

El contacto visual es otra de esas señales inconscientes que pueden decir mucho sobre el estado mental de otra persona. Si la persona mantiene un contacto visual suave con usted, lo que significa que no es una mirada fija y sin parpadear, probablemente esté interesada en la conversación y la interacción. Si parece que le cuesta establecer contacto visual o no puede mantenerlo, la otra persona probablemente preferiría que la conversación terminara, o que no ocurriera en absoluto. Esto podría deberse a ser deshonesto, al nerviosismo, a la incomodidad, al desinterés o simplemente a la sumisión general. Por otra parte, el contacto visual duro que se mantiene inquebrantablemente, transmite agresión y dominio, aunque también podría verse como confianza.

Dirección de la mirada

La próxima vez que usted interactúe con alguien, preste atención a la dirección de su mirada. La dirección en la que alguien está mirando dice mucho sobre dónde está su mente. A menudo, las personas miran lo que sea que estén deseando en ese momento. Si quieren ese pastel en el mostrador detrás de donde usted está parado, lo más probable es que sus ojos sigan dirigiéndose hacia él. Lo mismo se aplica si quieren irse, es probable que vuelvan su mirada a una salida repetidamente.

También se puede decir que alguien está siendo deshonesto o no —la gente tiende a mirar a la izquierda mientras piensa cuando dice algo que es verdadero u honesto, pero su mirada se desvía a la derecha cuando está contando historias. Cuando miran a la derecha, están contando ficción o mintiéndole.

Dilatación de la pupila

Comprobar la dilatación de las pupilas puede ser complicado — requiere estar bastante cerca de la otra persona, pero también depende de la iluminación y de si la persona tiene los ojos más claros o más oscuros. Cuando las condiciones sean las adecuadas, intente ver lo que hacen las pupilas de la persona con la que está interactuando. Como la dilatación de las pupilas es totalmente inconsciente, es una parte del cuerpo muy fiable para leer e interpretar. Cuando las pupilas están dilatadas, alguien está interesado, comprometido o pensando en algo. Cuando se contraen, implica desconfianza, desinterés o amenaza.

Rostro

La cara es increíblemente expresiva. La mayoría de la gente la mira para identificar los sentimientos de los demás solo porque es muy fácil ver lo que alguien está sintiendo al mirar su cara. Puede decir si la persona miente o se siente incómoda, o si se siente a gusto alrededor suyo. Es siempre una buena idea el prestar mucha atención al rostro cuando se comunica con los demás.

Cejas

Las cejas también se deben estudiar como lenguaje corporal, pero solo una rápida mirada hacia las cejas puede ser increíblemente reveladora. Por supuesto, muchas de estas posiciones son también ambiguas y pueden tener más de un significado, así que vea el también lenguaje corporal general. Las cejas pueden tomar varias posiciones:

- **Fruncidas:** Las cejas fruncidas las arrastra hacia adentro, creando arrugas en el espacio entre las cejas. Esto típicamente implica confusión o tristeza.
- **Bajas:** Cuando se bajan las cejas más cerca de los ojos, implica ira, dominio o agresión, especialmente cuando se empareja con el contacto visual directo.
- **Puntas interiores levantadas:** Este es un identificador importante de la tristeza.
- **Ambas cejas levantadas:** Típicamente, esto implica miedo, shock, sorpresa o felicidad. También puede transmitir sumisión o atracción.
- **Una ceja levantada:** El tener una ceja levantada, puede significar cinismo o desprecio.
- **El arco medio de la ceja levantada:** Esto puede transmitir alivio o ansiedad. Preste atención a otras señales para una lectura más específica.

Labios y boca

Los labios también pueden tomar varias posiciones diferentes, algunas de las cuales pueden significar más de una cosa. Observe la posición de los labios junto con otras pistas para determinar los detalles.

- **Ligeramente separados:** Esto se ve típicamente cuando la persona se siente atraída por el otro, o cuando la persona quiere tomar un turno para hablar.

- **Fruncido:** Típicamente esto puede transmitir incertidumbre o indecisión.
- **Apretado o arrugado:** Típicamente, esto indica algún tipo de tensión. Normalmente es un signo fiable de ira o estrés de algún tipo.
- **Flojo o relajado:** Esto suele ser más positivo y tiene connotaciones de calma.
- **Tirado hacia atrás:** Cuando se muestran los dientes, suele ser una sonrisa o una especie de gruñido para mostrar agresión.
- **Tirado hacia arriba:** A menudo apenas perceptible, puede mostrar mentira, incredulidad o culpa.
- **Morder el labio:** A menudo muestra ansiedad, estrés o mentiras.
- **Tocarse la boca:** Esto es a menudo inconsciente y delata una mentira —por lo general el individuo se toca la boca en un intento de detener las mentiras. También puede ser un intento de auto-calmarse durante un período de ansiedad.

Manos

Las manos tienen un sinfín de formas en las que se pueden utilizar, y por ello, hay varias formas diferentes en las que se pueden utilizar para indicar lo que la persona está pensando. Aquí están algunas de las expresiones más comunes con las manos:

Detrás de la espalda

Esta suele ser una pose de confianza. El torso y el pecho están expuestos, casi como si el individuo se atreviera a intentar hacerle daño a alguien más. También puede estar haciéndolo para ser visto como digno de confianza y creíble debido a que está físicamente abierto —transmite que no hay nada que ocultar.

Cerradas

Esto muestra algún tipo de infelicidad o incomodidad – típicamente incomodidad o miedo. Con las manos apretadas, la otra persona a menudo trata de calmarse de alguna manera. Cuando los dedos se entrelazan junto con el hecho de estar apretados, el individuo teme que haya un mal resultado o noticia y está tratando de prepararse.

Apretadas

Esto se ve como terquedad o firmeza –la otra persona se niega a ceder. Esto también es algo agresivo y puede mostrar ansiedad e incomodidad.

En los bolsillos

Cuando las manos están en los bolsillos, están escondidas. Esto se ve a menudo como una incomodidad o reticencia, o a veces un nivel de desconfianza en la otra persona.

En el corazón

Esto es visto como un intento de ser honesto. El orador está mostrando que está hablando desde el corazón. Sin embargo, esto también es fácilmente imitado, así que tenga en cuenta otro lenguaje corporal.

Palmas hacia abajo

Cuando las palmas de las manos están orientadas hacia abajo, suele ser una postura segura y autoritaria. Puede que vea a un político pararse así mientras habla, con la mano arriba, pero con la palma hacia abajo. Incluso puede añadir una especie de movimientos de corte para puntuar sus palabras mientras habla.

Palmas hacia arriba

Cuando las palmas de las manos se levantan hacia arriba, a menudo se consideran positivas, especialmente si están al final de los brazos extendidos. Esto muestra confiabilidad y apertura.

Apuntando

Esto es casi siempre un intento de ser autoritario. Se puede volver agresivo con golpes fuertes.

Descansando en las caderas

A pesar de que las manos en las caderas se consideran a menudo agresivas o poco amistosas, en realidad es la postura de disposición y, ocasionalmente, de autoridad.

Steepling

Piense en cómo esperaría ver al malo de la película sentado en su escritorio en un dibujo animado —sus manos se sostienen con las palmas paralelas, sus dedos cada uno descansando contra el dedo de la mano opuesta. Casi parece como si estuviera rezando, pero las palmas no se tocan, solo las puntas de los dedos. Esto se conoce como "steepling". Es una posición dominante, mostrando que es poderoso y está cómodo en su papel.

Temperatura de la mano

Cuando las manos están calientes, la persona suele estar más relajada. Tiene más flujo de sangre a todas las partes de su cuerpo porque no siente estrés. Sin embargo, cuando las manos están más frías, implica que la persona está tensa o estresada y está muy cerca del modo de lucha o huida. Esto se debe a que cuando se siente asustado o ansioso, el cuerpo redirige la sangre hacia el interior, lejos de las extremidades. Por supuesto, también podría ser solo porque la habitación está caliente o fría.

Tocando

A menudo, nos tocamos para transmitir cercanía o familiaridad. Los tipos de toque pueden especificarse aún más: al tocar con toda la mano, con contacto con las puntas de los dedos y la palma de la otra persona, la persona que toca transmite que está muy encariñado con la otra persona y lo suficientemente relajado para un contacto prolongado. Por el contrario, un menor contacto físico, como el uso de las yemas de los dedos, implica una falta de familiaridad o comodidad.

Cabeza

No es sorprendente que la cabeza pueda traicionar los pensamientos —los pensamientos literalmente ocurren dentro de ella. Se puede ver cuánto interés tiene una persona en una situación basada en la posición de la cabeza. Esto es muy útil en el entorno de grupo en particular, ya que las personas tienden a dirigir sus cabezas a las personas más influyentes.

Orientación de la barbilla

La barbilla puede moverse para mostrar un amplio rango de comunicación no verbal. Cuando se inclina hacia arriba, muestra arrogancia, o que la persona cree que es más fuerte o más poderosa. Está mostrando su cuello, la parte más vulnerable de su cuerpo, y no lo haría si no estuviera seguro de poder protegerlo. Cuando se mete, la persona está dando señales de que se siente insegura y no confía en la situación actual.

Asintiendo

Cuando asiente, le está diciendo a la otra persona que está escuchando. Se supone que muestra que ha escuchado lo que dijo, pero aún no está listo para responder. Cuando se hace lentamente, implica que la persona es paciente e interesada, feliz de seguir escuchando lo que usted tiene que decir. Por otro lado, el asentimiento puede ser acelerado si el oyente está impaciente o solo quiere desentenderse. Cuando la inclinación de cabeza es solo un ligero movimiento de la cabeza, se utiliza generalmente como un saludo a alguien

Inclinado

Cuando se inclina la cabeza, a menudo es muestra de interés en lo que se está hablando. Sin embargo, si inclina la cabeza hacia otra persona del grupo que no está hablando activamente, está mostrando interés en esa persona en particular. A menudo, esto se hace hacia el líder del grupo, o alguien que naturalmente dirige el grupo. Puede inclinar la cabeza hacia atrás para mostrar desconfianza o sospecha, o puede inclinarla hacia alguien, mostrando confianza.

Piernas y pies

Cuando las personas intentan controlar su lenguaje corporal, a menudo se olvidan de sus piernas y pies. Debido a que no intentan alterar la posición de sus piernas, son indicadores fiables. Observe a algunas de estas posiciones más reveladoras tanto para las piernas como para los pies.

Rebotando en el lugar

Piense en un niño que literalmente rebota en anticipación de ese helado que ha estado anhelando —los adultos también lo hacen. A menudo, el comportamiento es un poco apagado, pero los adultos rebotan en su lugar, generalmente en sus talones, cuando se emocionan. Sin embargo, el rebote también puede ser inquietud o molestia cuando la persona trata de aliviar algo del exceso de energía nerviosa.

Orientado alejado de usted

Mire los pies de la gente y la forma en que señalan cuando habla con ellos. Si están apuntando lejos de usted, el individuo ha perdido el interés o el enfoque. También puede que solo quiera que la conversación termine. Cuando esto ocurra, intente identificar a qué apuntan los pies, si apuntan a la salida, la persona probablemente quiera irse. Si apuntan hacia otra persona, es probable que quieran ir a hablar con la otra persona en su lugar.

Orientado hacia usted

Sin embargo, cuando los pies se apuntan hacia usted, esto significa que el oyente está activamente involucrado en la conversación. Está interesado en lo que se dice y está feliz de seguir hablando. También puede mostrar un nivel de confianza en lo que se está diciendo, e implica una buena relación entre los dos.

Dedos en punta/pies hacia arriba

A veces, la gente gira sobre sus talones y deja que los dedos de los pies apunten hacia el cielo. Esto se hace normalmente por satisfacción, como cuando se está en el teléfono y descansando con un pie arriba. También puede mostrar emoción o felicidad, especialmente cuando se combina con sonrisas.

Capítulo 3: Entendiendo la empatía

Empatía —la mayoría de nosotros la tenemos. Es esa sensación que se tiene cuando se mira a alguien y se comprende al instante exactamente lo que está sintiendo, solo con una mirada. Usted puede ver a una madre de tres hijos caminando por la tienda de comestibles con los niños llorando y sentir instantáneamente su vergüenza. O tal vez usted ve a un indigente a un lado del camino y su corazón se siente como si hubiera sido apuñalado. Usted siente sus emociones cuando empatiza con ellos. Es como leer la mente de la naturaleza.

¿Qué es la empatía?

En los términos más sencillos posibles, la empatía es la habilidad de un individuo para reconocer, entender y sentir lo que otra persona está sintiendo. Es lo que se quiere decir cuando la gente le dice que se ponga en el lugar de otra persona —usted es capaz de preguntarse cómo se sentiría si los papeles se invirtieran, y es capaz de imaginarlo. Hay tres tipos de empatía: emocional, cognitiva y compasiva. Cada una de ellas funciona de forma un poco diferente y cumple un papel diferente, pero importante.

La empatía emocional es cuando usted es capaz de sentir las emociones de la otra persona como propias. Puedes estar con una amiga en el centro comercial y asumir sus sentimientos mientras le habla de algo. El hecho de estar con ella mientras está nerviosa es suficiente para enfurecerle también.

La empatía cognitiva es su habilidad para entender lo que alguien está sintiendo y pensando. Usted es capaz de predecir sus pensamientos porque es capaz de ponerse en el lugar de otra persona. Es posible que no sienta lo que la otra persona está sintiendo, o que lo sienta en mucho menor grado, pero sí lo entiende.

La empatía compasiva es ligeramente diferente de la empatía cognitiva y emocional. Con la empatía compasiva, usted comprende por lo que alguien está pasando, y siente sus sentimientos al igual que si pasara tiempo con ellos, y ese sentimiento y comprensión le estimula a ayudar. Este tipo de empatía combina las otras dos formas de empatía, y luego las combina para crear un individuo que está feliz de ayudar a otras personas y que ama asegurarse de que todos sean atendidos.

Estas formas de empatía son increíblemente importantes de entender —la empatía es un gran motivador para las personas, así que, si usted quiere ser capaz de influir en otras personas, también tiene que entender primero lo que les hace funcionar como individuos. Eso suele implicar empatía —reconoce los sentimientos de la otra persona. Siente lo que ellos están sintiendo. Y lo usa para conocer mejor a esa persona, lo que le permite influenciarla mejor en el futuro.

Propósito de la empatía

Parece que hay al menos tres fuerzas motrices detrás del desarrollo de la empatía. Estas tres fuerzas realmente abarcan lo mejor de lo que la empatía puede hacer dentro de las relaciones. Con estas fuerzas, la humanidad se ha desarrollado de una manera que beneficia la supervivencia de todos.

La empatía permite el desarrollo de la conexión social entre los individuos. Cuando usted es capaz de entender cómo se sienten los demás, usted es capaz de adaptar sus propias acciones al estado mental de la otra persona. Piense en esto de manera práctica —si la otra persona parece agitada, es poco probable que usted se burle de ella. Del mismo modo, si la otra persona parece estar triste, es posible que quiera ofrecerle apoyo porque puede ver con una mirada que lo necesita. Esto aumenta el vínculo entre los dos, fomentando una mejor relación. Cuando usted es capaz de responder adecuadamente a las emociones de los demás, evita fomentar el resentimiento o desencadenar una gran pelea. Sabe cuándo retroceder y cuándo ofrecer apoyo.

La empatía también le proporciona una retroalimentación que puede utilizar para manejar sus propias emociones. Cuando usted ve cómo sus conductas impulsadas por las emociones afectan a las personas que le rodean, comienza a reconocer las razones para controlar sus propias emociones. No desea infligir daño a otras personas o hacerlas sentir mal, por lo que mantiene sus propias emociones bajo control. La capacidad de regular las emociones es esencial para navegar con éxito por la sociedad, ya que nadie va a estar muy contento con usted si arremete cada vez que se enfada, o si se molesta por nada importante. Cuando usted está regulado emocionalmente, es más fácil trabajar con usted y se convierte en un miembro de la sociedad que contribuye mejor.

Por último, la capacidad de empatizar le anima a comportarse de manera que no le beneficie directamente, sino que ayude a mejorar la situación de su grupo. Es mucho más probable que usted tenga comportamientos compasivos, desinteresados y útiles cuando tiene la capacidad de empatizar simplemente porque es capaz de ver y sentir el dolor de otro y desea ponerle fin. Cuando usted está más dispuesto a ayudar a otras personas y lo hace de buena gana y sin esperar nada a cambio, aumenta la probabilidad de que agradarle a esa otra persona. Cuando usted les agrada, es mucho más probable que correspondan a los comportamientos, y es mucho más probable que le ayuden cuando lo necesite.

Piense en la empatía como el comportamiento impulsor que está detrás de la capacidad de vivir en un grupo social —la empatía aumenta drásticamente la probabilidad de que usted y los que te rodean puedan vivir juntos en relativa paz, felicidad y salud. Todo el mundo se dedica a cuidar de los demás cuando es capaz de empatizar, y las personas se interesan mucho más por los comportamientos desinteresados. Quieren que otras personas prosperen simplemente porque ellos lo hacen, sin expectativas de retorno, y es más probable que la gente les devuelva el favor más adelante.

Cómo importa la empatía

Más allá de las razones de supervivencia, la comprensión de la empatía puede ser crucial cuando se está interesado en influir y persuadir a otras personas. Si usted quiere que cooperen con usted, necesita entender los estados mentales de los demás. Necesita ser capaz de ver qué es lo que quieren de un vistazo para entender cómo atender a su estado de ánimo particular en ese momento concreto. Cuando usted puede hacer eso, puede servir mejor a las otras personas, lo que a su vez le permite eventualmente cosechar los beneficios. Si es más probable que las personas ayuden a quienes les han ayudado en el pasado, puede utilizar esto a su favor cuando intente persuadir a otros.

Por eso los mejores líderes son tan naturalmente empáticos —están interesados en ayudar a la gente, y ese interés en ayudar a la gente se devuelve con lealtad y cooperación. El líder puede ayudar a la gente, que entonces siente a cambio una lealtad legítimamente ganada, y esa lealtad viene con el respeto y la autoridad naturalmente desarrollada que el líder necesita para ser eficiente. Ahora, imagine que puede influir en otras personas para que crean que usted también merece ese trato. Podría hacer que la gente le ayudara. Podría convertirte en un candidato deseado para un rol de liderazgo. Podría desarrollar la relación que necesita con los demás simplemente comprometiéndose de manera empática.

Parte II
Formas de persuadir

Capítulo 4: Psicología oscura

La psicología oscura se refiere a la habilidad de manipular y controlar las mentes de los demás. Típicamente implica tanto manipulación como coerción. En las manos equivocadas, puede ser absolutamente devastador, pero comprender lo que es puede ser la diferencia entre ser manipulado y ser capaz de utilizar los conceptos dentro de la psicología oscura sin ser víctima de la oscuridad subyacente. Usted puede usar los conceptos sin ser malvado o malicioso, aunque hay una línea bastante fina entre usarlo de manera ética y caer en la oscuridad.

¿Qué es la psicología oscura?

En su raíz, la psicología oscura es todo acerca del control de la mente. Usted es capaz de influir en lo que otras personas piensan o hacen, entendiendo el funcionamiento interno de la mente de la otra persona. Puede persuadirlos para que se comporten de ciertas maneras, haciéndoles sentir que lo que han hecho es por su propia voluntad, aunque usted esté detrás de la escena, orquestando las acciones todo el tiempo. Puede motivar a la gente para que le ayuden ayudándoles primero. Sabe que es más probable que ofrezcan ayuda si usted les ayuda primero simplemente porque la gente tiende a corresponder. Cuando entiende cómo funcionan las mentes de los que le rodean, puede empezar a utilizarlo a su favor

Usos de la psicología oscura

La psicología oscura se utiliza ampliamente en una amplia gama de escenarios, algunos de los cuales son de naturaleza más siniestra, mientras que otros se consideran típicamente como mucho menos dañinos. Cada uno de los siguientes grupos utiliza conceptos incluidos en la psicología oscura para obtener los resultados deseados: Religión, política, cultos, organizaciones terroristas, abusadores y vendedores, todos dependen en gran medida de los conceptos de la psicología oscura, moviendo los hilos a espaldas de otras personas para conseguir lo que quieren.

Religión

La religión se basa en la conformidad. Se espera que usted se conforme a un cierto conjunto de creencias, en las que con mayor frecuencia se le adoctrinó cuando era niño y luego se le animó a seguir hasta la edad adulta. La religión, aunque parezca inofensiva, en realidad utiliza varias técnicas de psicología oscura para mantener a la gente en línea y siguiendo la doctrina. Típicamente, esto se ve como una especie de amenaza o castigo si no se sigue —podría ser ir al infierno en vez de a algún tipo de paraíso o al cielo después de la muerte, o podría ser una amenaza de excomunión y abandono. Estas amenazas juegan con dos grandes miedos de la gente —perder la comunidad y una amenaza de sufrimiento eterno, y es más probable que la gente obedezca.

Política

Los líderes políticos suelen emplear varias técnicas diferentes de psicología oscura que son útiles para manipular la mente de otras personas. Se sostienen a sí mismos de ciertas maneras, redactan las cosas de manera que la gente crea que pueden empatizar mejor, y hablan de manera que inspiran a otras personas a seguirlos. A menudo utilizan tácticas de alarmismo, prometiendo resultados que a nadie le gustarán si la gente se opone a ellos. Usan posturas destinadas a transmitir poder y autoridad, y la gente cae en ellas. La gente cae en el lenguaje corporal artificial que usan los políticos, y los políticos ganan.

Cultos

Los cultos, especialmente los destructivos, son increíblemente explotadores. Se consideran totalitarios, lo que significa que buscan ganar el control sobre la otra persona por completo. Con frecuencia se involucran en varias formas de reforma del pensamiento para ganar control sobre la mente de la otra persona. Estos cultos se basan en el seguimiento autoritario y conducen a una amplia gama de tácticas de manipulación. Los cultos se basan en el carisma de sus líderes, el engaño, el aislamiento, los métodos de reforma del pensamiento, las demandas de lealtad y devoción, creando una división entre los que siguen el culto y los extraños, el lenguaje del culto o la jerga que es difícil de entender y seguir si no se es miembro, y tanto control como sea posible sobre la existencia diaria de los miembros. Todo esto culmina en un grupo que busca manipular y controlar a los miembros de una manera que exige una lealtad absoluta. Así es como la gente es absorbida —se les atrae con falsas promesas y se les va cortando su propia personalidad y pensamientos, poco a poco, día a día, hasta que finalmente, lo único que queda es una herramienta para ser usada. Cuando está bajo el control de los líderes del culto, el líder puede comandar casi cualquier cosa y los seguidores lo harán. Esto es lo que los hace tan destructivos —los miembros son esencialmente convertidos en armas sin sentido, dispuestos a hacer lo que sea para mantenerse a favor.

Terrorismo

Los grupos terroristas siguen métodos similares a los de los cultos para poner a la gente en fila —prometiendo al mundo su absoluta devoción. Atraen a la gente con valores idealizados y líderes carismáticos, y destrozan a la gente hasta que están dispuestos a hacer cualquier cosa, incluso si se trata de suicidio. Se ven a sí mismos como una parte del todo; una parte del cambio que usarán para cambiar el mundo para mejor, y se alegran de dar sus propias vidas, o las vidas de sus seres queridos, para lograrlo.

Abuso

A los abusadores les encanta utilizar la psicología oscura: utilizan el funcionamiento interno de las mentes para introducirse en la vida de sus víctimas y arraigarse firmemente como un miembro integral, aprovechando al mismo tiempo la tendencia de las personas a querer mantener sus relaciones con sentido. El abusador bombardea de amor a la víctima, lo que significa que la baña en amor, atención y afecto para enganchar a la víctima a él antes de revocar repentinamente la atención, haciendo que la víctima lo ansíe y haga todo lo necesario para recuperar el amor. Este tipo de táctica de manipulación y uso de la psicología oscura se ve a menudo con los narcisistas en particular con el fin de obtener lo que el narcisista quiere.

Ventas

Incluso algo tan inocente como las ventas puede estar plagado de oscuras tácticas psicológicas. Los mejores vendedores pueden convencer intuitivamente a la gente para que compre, aprovechando las tendencias inconscientes, apelando a las emociones, e incluso secuestrando el lenguaje corporal de la otra persona para lograr el resultado deseado. Los vendedores reciben un pago basado en sus ventas, por lo que harán todo lo necesario para obtener los resultados deseados. Apelarán al miedo de un padre a un accidente de coche para vender a un vehículo más seguro. Usarán la experiencia cercana a la muerte de una persona para vender seguros de vida. Cambiarán su propio lenguaje corporal para convencer a la otra persona, captando pequeños indicios aquí y allá y actuando sobre ellos para obtener los resultados deseados.

Identificando la psicología oscura

A menudo, identificar si está siendo manipulado es difícil. El único propósito de muchas de estas tácticas de manipulación o coerción es que son imperceptibles. Ocurren tan fácilmente que el individuo que está siendo manipulado nunca se da cuenta de que está sucediendo. Espera hasta que están completamente enganchados antes de tirar de la soga y obtener los resultados que quiere, y debido a este paciente tipo de comportamiento final, el que está siendo manipulado nunca se da cuenta.

Sin embargo, frecuentemente hay señales sutiles de que está sucediendo la manipulación o la coerción. Estas señales tienden a ser pasadas por alto por las personas que sienten que están pensando demasiado, especialmente si el manipulador es alguien de confianza y les asegura que están pensando demasiado en las cosas. A menudo, estas señales de alerta implican los propios comportamientos y sentimientos de la víctima.

Uno de los mayores identificadores es la intuición: puede sentir que algo está mal, pero lo acepta de todas formas. A menudo, esto sucede con personas que tienen menos confianza en sí mismas y están más dispuestas a apartar sus propios pensamientos. Estas personas tienden a ser individuos objetivo simplemente porque son fáciles de manipular —¡ellos mismos hacen la parte difícil! Se convencen a sí mismos de no preocuparse o de que lo que está pasando no es un gran problema, y eso permite al manipulador salirse con la suya más fácilmente.

Otra gran bandera roja es cuando usted se sorprende a sí mismo pensando algo que nunca pensó que serían sus propios pensamientos. Es probable que alguien más le haya influido para que tome esa posición, aunque no es una posición hacia la que se incline naturalmente. Cuando esto sucede, especialmente si su pensamiento es uno que causa esa sensación de disonancia cognitiva desencadenada en el conflicto entre el pensamiento y la creencia, es posible que desee reevaluar si las cosas van de acuerdo con el plan.

Otra señal de alerta es sentirse aislado y presionado de alguna manera. Las personas con intenciones honestas no se sentirán presionadas a tomar decisiones inmediatamente si no se trata de una situación de vida o muerte. Puede esperar el día para tomar la decisión de comprar el coche o la casa. Debería ser capaz de hablarlo con su cónyuge, amigos o familia para intercambiar ideas. Si siente que sus seres queridos están siendo excluidos de su vida por alguna razón, probablemente hay una razón para ello, y es que está siendo manipulado.

Resistiendo a la psicología oscura

Para resistir la psicología oscura, primero debe ser consciente de algunas de las formas en que la gente se vuelve susceptible a ella en primer lugar. Con mayor frecuencia, estas personas son las que son confiadas y empáticas. Están dispuestos a tomar la palabra de alguien más sobre cómo va algo porque no sienten que la gente en este mundo sea manipuladora. Sin embargo, la gente es manipuladora. La gente puede ser malvada. La gente usará a los demás, especialmente si se benefician. Aquellos que usan la psicología oscura por razones maliciosas tienden a no tener reparos en sacrificar a otros, siempre y cuando obtengan los resultados deseados.

Los que tienen una baja autoestima también tienden a ser blancos fáciles. Confiarán en las palabras del manipulador al pie de la letra, lo que les hará convencerse fácilmente de que están equivocados, o de que han interpretado las cosas incorrectamente. Incluso se convencerán de ello si se les da la oportunidad.

Con eso en mente, hay tres consejos fáciles para evitar o resistir la psicología oscura.

Confíe en su instinto

Siempre debería al menos escuchar las reacciones de su instinto. Aunque estas pueden ser poco fiables y pueden ser influenciadas a veces, también puede usarlas para notar cuando algo parece estar mal. Si usted siente que algo está mal, o tiene esa sensación en el estómago que le indica que está incómodo de alguna manera, debe escucharlo. Tómelo como una señal para estar alerta y no intente reprimir la sensación. No trate de desacreditar su intuición —sirve un propósito valioso. Usted debe detenerse y analizar su situación, determinando si la intuición es correcta o no. Una vez que usted confía en esa intuición, puede pasar al segundo paso: Comprobación de hechos.

Cuestionar y verificar los hechos

Nunca tema hacer preguntas, sobre todo si tiene esa sensación de molestia en sus entrañas. Usted debe hacer preguntas, desafiar a la otra persona, y estar dispuesto a pedir pruebas o comprobar lo que se ha dicho. Por ejemplo, si usted está comprando un coche usado, siéntase libre de hacer todas las preguntas que quiera. Presione el punto, pida informes sobre el vehículo. Si la otra persona parece resistirse, puede estar siendo deshonesta o engañosa de alguna manera. Si usted escucha algo en un debate de un candidato presidencial o durante un discurso político, debe verificar los hechos antes de aceptarlo como verdadero. La gente distorsionará la forma de presentar las cosas para obtener los resultados deseados, y siempre se debe ser consciente de ello. Si alguien intenta presionarle, no se sienta obligado a ceder y pregúntese por qué debería hacerlo. Pregúntese si el comportamiento es correcto, si coincide con sus ideales, y cómo es beneficioso. Si usted puede detenerse y ver los comportamientos o intentos de manipulación por lo que son, usted no va a ser tan susceptible. Si su cónyuge le molesta para hacer algo, pero usted se siente incómodo con ello, está bien preguntarse por qué debe hacer algo y tomar la decisión por su propia voluntad en lugar de simplemente ceder a la apelación de autoridad de la otra persona.

Desarrollar la autoestima

Dado que los más susceptibles a la manipulación y la coacción son los que sufren de baja autoestima, desarrollar esa autoestima es crucial. Hacerlo significa que usted no intentará restarles importancia a sus propias reacciones. Al desarrollar la autoestima, esencialmente usted se dice a sí mismo que es un juez confiable de lo que está sucediendo a su alrededor y de lo que debería seguir sucediendo a su alrededor. Puede determinar si las cosas son correctas o incorrectas, y reconoce que sus posiciones sobre las cosas son exactas. Al decidir esto, usted es capaz de resistir los intentos de intimidación para creer las palabras de la otra persona. Confiará en sus propias palabras lo suficiente como para no dejarse influenciar.

Capítulo 5: Inteligencia emocional

La inteligencia emocional implica formas de persuadir a los demás, pero de una manera mucho más honesta que intentar secuestrar los pensamientos de otra persona. Cuando usted actúa con inteligencia emocional, está actuando de manera honesta transmitiendo realmente sus convicciones. Los que tienen inteligencia emocional son los que pueden actuar de maneras que a la gente le gusta ver. Otras personas naturalmente gravitan hacia aquellos con inteligencia emocional porque aquellos con altos coeficientes de inteligencia emocional realmente se preocupan por otras personas. Son capaces de manejar sus propias emociones con las emociones de otros, y casi han perfeccionado el acto de malabarismo entre sus propios deseos y necesidades y los deseos y necesidades de otros. Verdaderamente apasionados por los demás y su felicidad, estas personas son más felices que la mayoría, y tienen que hacer muy poco para convencer a los demás de que les ayuden por propia voluntad. De todos los tipos de persuasión, esta es probablemente la más orgánica —evoluciona por sí sola sin que la persona tenga que modificar su propio comportamiento. Es un dar y recibir natural para algunos, pero es aprendido por otros, y deja a todos más felices y en una mejor posición que antes.

¿Qué es la Inteligencia Emocional?

La inteligencia emocional es otro tipo de inteligencia propuesta junto a la inteligencia tradicional, que se refiere a las habilidades cognitivas que un individuo puede tener. El cociente de inteligencia emocional (EQ) se ve a menudo junto al cociente de inteligencia (IQ) cuando se discute la inteligencia general de un individuo. En última instancia, mientras que los que tienen un mayor CI pueden ser capaces de comprender y hacer más, los que tienen un mayor QE tienen muchas más probabilidades de tener éxito en su vida personal y profesional. Son capaces de navegar por la sociedad mucho más fácilmente que alguien con un menor EQ y un mayor CI, lo que significa que es probable que encuentren el placer más fácil que otros. Pueden crear relaciones significativas mucho más fácilmente, y tienden a tener las habilidades sociales necesarias para una interacción exitosa con los demás. Un mayor EQ es tan increíblemente valorado que a menudo es considerado mucho más valioso que tener un mayor CI, e incluso los empleadores tenderán a elegir a la persona con un mayor EQ en lugar de alguien con un menor EQ y un mayor CI porque aquellos con un mayor EQ son probablemente un mejor empleado y compañero de trabajo, incluso si no necesariamente están tan capacitados en ese trabajo en particular.

La inteligencia emocional es principalmente un conjunto de habilidades. Algunos, nacen con la capacidad de ser naturalmente inteligentes emocionalmente. Otros aprenden a hacerlo después, practicando. Es una forma de pensar en la que se reconoce que la clave del éxito está en manejarse primero a sí mismo para gestionar y facilitar las relaciones con los demás. Implica la introducción en los estados mentales de otras personas y el uso de esa comprensión empática para ayudarse a sí mismo a mejorar la situación de todos en lugar de centrarse en sí mismo. No es manipulador, implica que las otras personas decidan por sí mismas que quieren seguir, desarrollando una relación natural entre el individuo con un alto nivel de QE y aquellos que lo rodean.

Aquellos con este conjunto de habilidades son más felices que aquellos que luchan con sus emociones. Son más exitosos en sus vidas. Están más tranquilos porque saben que otras personas legítimamente les cubren las espaldas y no actúan por coacción. Tienen la lealtad de los que les rodean, y esa lealtad fue ganada legítimamente a través de sus propios comportamientos. Es merecida en lugar de forzada o fingida, y eso diferencia a los que tienen un alto nivel de QE de los demás.

En última instancia, la inteligencia emocional se compone de tres habilidades distintas. Cada una de ellas actúa en conjunto para crear líderes bien formados y naturales. Las personas con altos niveles de inteligencia emocional son:

- Capaces de identificar las emociones de ellos mismos y de los que les rodean.
- Capaces de usar esas emociones y aplicarlas a la resolución de problemas y al pensamiento sin dejar que las emociones las influyan negativamente o impulsivamente.
- Capaces de manejar sus propias emociones, así como de influir en las emociones de los que les rodean: pueden consolar a una persona histérica, o calmar a alguien en la agonía de la ira.

Rasgos de la inteligencia emocional alta

Los que tienen altos niveles de inteligencia emocional suelen tener varios rasgos clave que son resultado de sus habilidades. A continuación, se presentan los siete rasgos más comunes compartidos por individuos altamente inteligentes emocionalmente. A medida que lea esta lista, intente pensar en las formas en que estos rasgos se prestan naturalmente para desarrollar una relación natural e inspirar a la gente a ayudar en cualquier forma que el individuo pida.

Autoconsciente

Los individuos emocionalmente inteligentes son conscientes de sí mismos. Conocen sus propios sentimientos, sus propias fortalezas y debilidades, y usan este conocimiento para su beneficio. No les importan las críticas o comentarios de otras personas, especialmente cuando se relacionan con sus debilidades, y siempre están tratando de mejorarse a sí mismos en formas que la mayoría de la gente nunca pensaría que fuera posible.

Equilibrado

Las personas con alta inteligencia emocional también tienden a cuidarse casi meticulosamente. Saben que no van a tener éxito si no dan prioridad al cuidado de sí mismos, así que hacen exactamente eso: se priorizan a sí mismos. Comen bien, duermen bien y hacen ejercicio. Cuando se cuidan a sí mismos, pueden cuidar mejor de los demás.

Optimista

El individuo de alto coeficiente intelectual no se preocupa por fallar. Incluso en el fracaso, hay cosas que se pueden aprender, y nada es completamente inútil. Siempre encuentran lo bueno en las situaciones, ya sea tratando el incidente como una experiencia de aprendizaje o encontrando alguna otra consecuencia imprevista que pueda funcionar bien para ellos. Esto puede ser muy inspirador para otros, y permite a la persona con alta inteligencia emocional llegar a ser bastante flexible, siempre rodando con golpes porque hay algo bueno en todo.

Empático

El individuo de alto coeficiente intelectual también es bastante empático. Ya hemos discutido por qué la empatía es importante en su propio capítulo, pero para reiterar, al confiar en la empatía, los individuos tienden a inclinarse hacia comportamientos que son útiles, incluso si no reciben nada a cambio. Esto permite a un individuo tener más éxito y ser más capaz de triunfar que alguien que no empatiza.

Inspira el cambio

El individuo emocionalmente inteligente no teme al cambio, buscará convertirse en el catalizador del cambio si cree que es lo correcto. Conoce sus propios valores, y actuará con integridad, incluso si siente que lo que cree que es correcto es menos popular o menos apoyado. Siempre seguirá sus valores como guía, y los usará para inspirar el cambio donde crea que es necesario.

Curioso y dispuesto a cuestionar

El individuo con alta inteligencia emocional está interesado en el mundo que le rodea. Quiere ver cómo funciona la gente y qué les hace funcionar. Observa cómo se desarrollan las situaciones y no teme hacer preguntas para entender la perspectiva de alguien más. Está feliz de aprender cómo piensan los demás, y usará ese nuevo conocimiento para asignar mejor las tareas a la gente.

No teme al fracaso o a la imperfección

Los que tienen un alto nivel de inteligencia emocional no rehúyen la imperfección o el fracaso. Entienden que el fracaso es una parte natural de la vida, y en lugar de condenarlo, deberían celebrarlo. Después de todo, el fracaso es solo otra marca en la lista de cosas que no se deben hacer: fue una experiencia de aprendizaje, y eso es valioso por derecho propio.

Juntos, todos estos rasgos se combinan para crear el individuo de alto nivel de EQ. Estos rasgos crean líderes pacientes, empáticos e inspiradores hacia los que la gente gravitará naturalmente. Ellos querrán ayudar a la persona con un alto nivel de EQ porque esa persona no los castigará. Escuchará las preocupaciones y quejas con gracia y las tomará en consideración. Buscará beneficiar a otras personas también, empatizando estrechamente con ellos, y usando esa empatía como una especie de retroalimentación para sí mismo y lo que está haciendo. Normalmente no puede ser fácilmente viciado, ya que tiene sus propios valores en su corazón. Estará feliz de cambiar de planes si las cosas no funcionan sin temor a admitir que está equivocado porque estar equivocado no es algo de lo que avergonzarse. En general, estos rasgos se combinan y hacen de un líder increíblemente efectivo.

Los cuatro dominios de la inteligencia emocional

En la inteligencia emocional, hay cuatro dominios principales de habilidades que se combinan para crear la inteligencia completa. Cada uno de estos cuatro dominios abarca un tipo diferente de habilidades que se construyen sobre las habilidades que vinieron antes en una especie de pirámide. La autoconciencia crea la base para la autorregulación, que establece el escenario para la conciencia social, y cuando los tres conjuntos de habilidades se combinan, pueden crear un manejo efectivo de las relaciones.

Autoconciencia

Como el nivel más fundamental de la inteligencia emocional, la autoconciencia se centra en el yo. Es la búsqueda de la comprensión del propio ser de un individuo, ya que sin tener el conocimiento fundamental de sí mismo, ¿cómo puede esperar entender a los demás? Quienes tienen conciencia de sí mismos son capaces de reconocer y etiquetar con precisión sus propias emociones, así como de comprender sus fortalezas y debilidades, y sus propios valores. Se conocen a sí mismos íntimamente, y utilizan ese conocimiento y comprensión de su propia mente para crear las bases para resto de la inteligencia emocional. Las habilidades asociadas con este dominio incluyen:

•Reconocer sus propios estados emocionales y cómo esos estados emocionales impactan en otras áreas de su vida personal.

- Ser capaz de identificar con precisión sus propias fortalezas y debilidades.
- Tener una idea precisa de su propia autoestima y de lo que es capaz de lograr.

Autorregulación

La autorregulación se refiere a la capacidad de manejar las propias emociones. Usted sabe cómo identificar sus emociones, y ahora empieza a asegurarse de que sus respuestas a esas emociones se regulen de manera que sean eficaces y beneficiosas, en lugar de ceder simplemente a cualquier impulso que haya sentido. Cuando se es hábil en la autorregulación, se puede identificar cómo le hace sentir el mundo exterior, y se pueden manejar esos sentimientos de manera madura. Generalmente tiene una fuerte comprensión de sus propios comportamientos y acciones, y puede usar esa fuerte comprensión en su beneficio. Las habilidades asociadas con este dominio incluyen:

- Ser capaz de controlar los impulsos emocionales.
- Ser digno de confianza, honesto y actuar siempre de manera fiel a sus propios valores personales.
- Ser flexible porque entiende cómo regular sus emociones, incluso en momentos de estrés, para asegurarse de que todo vaya bien.
- Ser optimista y reconocer que siempre hay oportunidades para mejorar la situación, y aprender de los fracasos.
- Estar dispuesto a tomar la iniciativa para desencadenar un cambio en el statu quo, incluso cuando su opinión sea actualmente impopular.

Conciencia social

La conciencia social se refiere a su capacidad de reconocer, comprender y responder a lo que necesitan los que le rodean. Esto a menudo se compara con un buen servicio al cliente, porque los buenos representantes de servicio al cliente son capaces de hacer todo lo que este dominio abarca. Son buenos para entender lo que su cliente o consumidor necesita, y son capaces de responder a ello con facilidad. Aquellos que son hábiles en la conciencia social están en sintonía con lo que la gente que les rodea está pensando, y son capaces de hacer que otras personas se sientan cómodas a su alrededor. Las habilidades clave de este dominio son ser:

• Altamente empático y en sintonía con los pensamientos, sentimientos, necesidades y preocupaciones de otras personas.

• Capaz de entender cómo funcionan las interacciones dentro de un grupo y lo que implica la política de ese grupo.

• Capaz de satisfacer las necesidades de los que les rodean con precisión y rapidez, incluso sin provocar.

• Capaz de ganar la confianza de los demás y construir una relación natural y efectiva.

Gestión de las relaciones

El último de los cuatro dominios de la inteligencia emocional es el manejo de las relaciones. Esta es la habilidad que desarrollan los líderes y es donde entra la mayor influencia. Este dominio permite que se construya una conexión entre uno mismo y los demás que deja a la otra persona sintiéndose apoyada y escuchada. Esto significa que la otra persona se siente intrínsecamente valorada por usted, y cuando la otra persona se siente valorada, es más probable que siga su ejemplo, creyendo que usted solo tiene lo mejor en mente. Esta es la habilidad que culmina con los anteriores dominios de la inteligencia emocional para crear un líder completo, respetado y merecedor. Este dominio abarca las siguientes habilidades:

• Habilidad para influenciar a otros sin depender de la manipulación. No usa nada más que sus palabras y comportamientos sinceros para mostrarle a la otra persona por qué debe hacer lo que le pide, y típicamente están de acuerdo y lo hacen.

- Habilidad para ser un líder inspirador. Crea y sigue una visión con integridad y pasión, y es capaz de motivar a otros a seguirla.
- Habilidad para entender las fortalezas y debilidades de otras personas, y también usar esa habilidad para desarrollar a las otras personas. Proporciona la retroalimentación necesaria para mejorar a los que le rodean de manera que sea con tacto y bien recibida.
- Capacidad de reconocer cuando se necesita un cambio, y la voluntad de ser el catalizador y la fuerza impulsora de ese cambio.
- Capacidad de resolver conflictos rápida y fácilmente de manera justa para todos los involucrados y que desactiven el conflicto sin arruinar las relaciones.
- Capacidad para crear equipos que trabajen juntos de manera efectiva y sin problemas, tanto a nivel personal como profesional. Es capaz de reconocer cómo los puntos fuertes de las diferentes personas pueden complementar y apoyar las debilidades de los demás, y es capaz de organizar a las personas de la manera que tenga más sentido para todos los involucrados.

Cómo la inteligencia emocional influye en los demás

Las personas con una alta inteligencia emocional influyen naturalmente en otros de manera que otros encuentran justa y equitativa. Son capaces de influir en la gente para que hagan lo que crean que es justo, simplemente pidiendo a los demás porque la gente ya los respeta. Esto lleva a muchos tipos diferentes de relaciones exitosas, que van desde el liderazgo hasta la pareja Las relaciones de todo tipo son mejoradas y construidas a través de altos niveles de inteligencia emocional. Estas son algunas de las formas en que las personas con altos niveles de Inteligencia Emocional tienen más éxito en varios contextos diferentes:

Líderes y gerentes emocionalmente inteligentes

El líder o jefe emocionalmente inteligente es capaz de crear un flujo fluido entre las personas a su cargo. Ve cómo las personas interactúan entre sí y es capaz de dar a cada persona un trabajo adaptado a sus propias habilidades y competencias que ayuda al equipo. Es capaz de resolver conflictos antes de que se conviertan en un problema y de fomentar una buena relación entre todos los miembros de su equipo. Es hábil para entender lo que la gente necesita, incluso cuando no se lo han dicho, y es ampliamente respetado por hacer todo lo que puede para ayudar a los demás. A menudo pregunta cómo puede ayudarles y se bajará y ayudará con su trabajo en lugar de decirles que se den prisa y completen lo que sea necesario. No teme ayudarles, y lo hará con gusto, mientras escucha los consejos de los que están a su cargo cuando le sugieren formas de mejorar sus habilidades y relaciones con ellos. La gente lo respeta lo suficiente como para querer hacer lo que pide, ya que ha demostrado una y otra vez que solo tiene sus mejores intereses en el corazón.

Compañeros de trabajo emocionalmente inteligentes

Un compañero de trabajo emocionalmente inteligente es capaz de manejarse bien, prestando atención a sus propias interacciones y asegurándose de no sobrepasar o molestar a los demás. Hará todo lo posible para asegurarse de completar su propio trabajo según sus propios estándares personales, en lugar de solo según el estándar que se espera de él, y también tratará de apoyar a los demás. Comprende cómo leer a los demás y, debido a eso, tiende a manejar bien su propio comportamiento, ya que puede captar las señales de los demás. Por lo general, es un placer estar cerca de él porque equilibra las necesidades de los demás con las suyas propias y siempre está dispuesta a ayudar cuando es necesario. Como está tan atento a las necesidades de los demás, los demás no suelen tener ningún problema en ayudarle cuando él siente la necesidad de pedir ayuda.

Parejas emocionalmente inteligentes

En un matrimonio o relación, la inteligencia emocional puede hacer o deshacer toda la asociación. Si un individuo no es emocionalmente inteligente, es probable que se enfrente y sea sensible, que se deje llevar fácilmente por las emociones y las pasiones, lo que hace que sea mucho más probable que diga o haga cosas de las que se arrepienta cuando inevitablemente haga enojar a su pareja, o cuando su pareja inevitablemente le haga enojar a él. Sin embargo, con un mayor nivel de inteligencia emocional, la pareja es capaz de resolver conflictos sin dejar que sus emociones le lleven a tomar malas decisiones o a decir cosas de las que se arrepienta. Son capaces de manejar mejor las relaciones y satisfacer las necesidades de la otra persona cuando son capaces de empatizar más, y esto lleva a relaciones generalmente más felices. Cada persona se compromete profundamente a reconocer cómo ayudar al otro, y esta capacidad de mantenerse firme, sin dejarse llevar por las emociones, crea una confianza y una relación profundas dentro del otro que permite que cada uno pida lo que necesita y lo consiga. El tipo de influencia que esto desarrolla es de una confianza profundamente arraigada en el otro; saben que la otra persona no los guiará mal, y harán lo que se les pida.

Padres emocionalmente inteligentes

Los padres que son emocionalmente inteligentes a menudo tienen más facilidad para manejar los sentimientos de sus hijos. Son capaces de hablar a sus hijos de manera que puedan calmar las situaciones, mitigar los conflictos y mostrar a los niños cuáles son los comportamientos correctos. No es probable que recurran a los castigos, especialmente no a la primera cosa, y están dispuestos a gastar el tiempo y la energía para hablar de los problemas en lugar de limitarse a decirle al niño lo que tiene que hacer.

Debido a que estos padres se ponen al nivel del niño y lo acompañan, los niños están más dispuestos a obedecer. Ven que el problema se maneja con empatía y respeto, y aprenden a interiorizarlo e imitarlo. Cuando el padre es capaz de empatizar con el niño, como proporcionar un tiempo en el que tuvo que hacer algo que no quería hacer, al igual que el niño, el niño es un poco más receptivo a completar lo que sea que el padre haya pedido. También es más probable que el niño desarrolle habilidades de resolución de problemas que le permitan hacer lo que sea necesario en el futuro sin tanto alboroto. En general, el niño ve las razones para hacer lo que el padre o la madre le pide, y una vez que el niño entiende la lógica, es mucho más probable que obedezca que si el padre o la madre simplemente hubiera apelado a la autoridad y hubiera exigido obediencia.

Capítulo 6: Programación neurolingüística (PLN)

Esto, al igual que la inteligencia emocional, es una forma diferente de ver la comunicación. Fue desarrollada en los años 70 por Richard Bandler y John Grinder, y se trata de explorar tres factores principales del comportamiento. Ve el comportamiento como un resultado de los procesos neurológicos, el lenguaje y los patrones de comportamiento aprendidos con el tiempo a través de la experiencia. Estos tres se unen para crear una programación neurolingüística, donde neuro se refiere a los procesos neurológicos, lingüística refiriéndose al lenguaje, y programación a la conducta aprendida.

Se cree que estos tres procesos —pensamientos, lenguaje y comportamiento— pueden ser aprovechados y cambiados en formas que impactarán fuertemente en la vida. Se basa en la influencia de la psicoterapia y se afirma que es capaz de tratar una amplia gama de problemas, desde fobias a trastornos de aprendizaje y todo lo que está de por medio. También se puede utilizar ampliamente para influir en otros, por lo que es una opción popular para influir y persuadir a otros a hacer lo que se les pide.

¿Qué es la PNL?

En lo que respecta a la persuasión, la PNL se refiere a la capacidad de influir en las interacciones con otras personas. Tiene varias etapas diferentes, comenzando con el establecimiento de la relación y terminando con la obtención del resultado deseado. En última instancia, se guía por las respuestas y reacciones no verbales del cliente, las cuales pueden ser usadas para crear primero una relación y luego para influenciar a la otra persona a hacer lo que sea necesario.

La PNL comienza con el desarrollo de la compenetración, lo cual se hace típicamente a través del reflejo y el emparejamiento de los comportamientos. ¿Recuerda cuando se habló del reflejo en el lenguaje corporal? Usted puede hacer que la otra persona empiece a identificarse más con usted cuando empiece a usar primero el reflejo. Siguiendo los comportamientos de la otra persona como una guía para cómo interactuar con ella, usted puede empezar a comprender su deseo de agradarle a ella. Es más probable que se identifique y confíe en usted si lo está reflejando. Esto los abre al siguiente paso.

Entonces usted reunirá información sobre el estado mental de la otra persona. Esto es usando un estudio del lenguaje corporal, o la forma en que la otra persona puede responder. Cuando entiende el estado mental de la otra persona, puede empezar a entender sus procesos de pensamiento, así como el lenguaje que utilizan. Aquí es donde usted empieza a entender las partes lingüísticas y de programación de la PNL. Puede entender la mente de la otra persona a través de la comprensión de sus palabras. Puede empezar a entender la mentalidad basada en el lenguaje, como el enfoque en las metáforas basadas en los sentidos, o el enfoque en ciertas tendencias. Puede entender su programación observando su lenguaje corporal con sus palabras.

A partir de ahí, es el momento de empezar a cambiar sus mentes. ¿Recuerda cómo empezó el proceso de reflejo? Ahora es cuando lo usa. Cuando la otra persona refleja fácilmente sus propias interacciones, puede empezar a hablarle a la otra persona y a reflejar los comportamientos que desea. Si usted quiere que la otra persona se sienta más cómoda con, por ejemplo, las arañas, cuando se mencionan las arañas, usted hace una señal de lenguaje corporal sutil que indica que usted se siente cómodo. Puede inclinarse un poco hacia la otra persona, transmitiendo que se siente cómodo cuando menciona la araña. La otra persona debe reflejar su propia respuesta y, al hacerlo, le dice a su mente que no hay nada que temer, nada de qué preocuparse y que todo está bien.

Este tipo de proceso puede ser expandido para ser usado desde la depresión hasta la creación de autoconfianza en otra persona. Es, esencialmente, influenciar a la otra persona para que se sienta más cómoda con las cosas que pueden haber sido incómodas antes. Permite que usted influya en sus opiniones, comportamiento, metas y más simplemente sintonizando con su lenguaje corporal, asegurándose de que usted comparta la relación y usando esa relación para moldear lentamente la mente de la otra persona para que imite la que usted está tratando de crear.

PNL transformacional vs. Psicoterapia

La PNL transformacional es una nueva combinación que involucra partes de la PNL, varios conceptos de psicología y espiritualidad. Permite una combinación de los tres, imitando los procesos de la psicoterapia, mientras que también permite que la PNL se utilice con ella. Hay varias partes extraídas de la física cuántica, la psicología y la neurociencia, todas las cuales se unen para crear un programa que permite el cambio de comportamientos no deseados o negativos.

La PNL transformacional se dirige a comportamientos que generalmente no son beneficiosos para usted o que le causan estrés. Funciona reconociendo que los humanos son una combinación de programación neurológica que nos mantiene vivos, desarrollada a través de milenios de procesos evolutivos, así como a través de décadas de experiencia de vida. Esa programación puede secuestrar la habilidad de amar y disfrutar la vida, atrapada en un ciclo de estrés y dolor que comenzó mucho antes de que naciéramos. A través de la PNL transformacional, usted es capaz de utilizar las técnicas de PNL para superar esos períodos de estrés y esos ciclos de desesperación que se crearon con sus antepasados para alcanzar la felicidad y la paz.

La PNL transformacional revisa la programación dentro de su cerebro y le permite alcanzar un punto en el que es capaz de dejar ir su dolor y sufrimiento, liberándose del dolor pasado y permitiendo a su cerebro seguir adelante. Toma las técnicas y metodologías de PNL y las inserta en una forma de psicoterapia, en la que el profesional hace preguntas y descubre lo que sucede en la mente del paciente, y finalmente influye en la otra persona lo suficiente como para conducir a un cambio en el comportamiento, las creencias y un cambio de identidad.

Reprogramándose

Si usted quiere reprogramar su propia mente con PNL, el proceso involucra cinco simples pasos que usted puede seguir para lograrlo. Cada uno de estos pasos le ayudará a alterar su pensamiento, lo que luego influirá en sus comportamientos y estados de ánimo.

Paso 1

Deténgase y piense en lo que le ha sucedido que está tratando de cambiar. Piense en un momento en el que se sintió herido en el pasado y que todavía está en su mente hoy. Tal vez fue el final de una relación particularmente complicada, o se sintió abandonado después de que sus padres se divorciaron. Sea lo que sea, debería recordarlo. Para este ejemplo, diremos que se siente herido después de que su excónyuge le dijera que le estaba engañando y decidiera irse.

¿Cómo le hizo sentir esto? Identifique el sentimiento que sintió durante el último minuto o algo así al enterarse de que su excónyuge le había engañado. Puede decir que se siente herido, traicionado o enfadado. Todo esto es aceptable. Recuerde que ese sentimiento y ese momento un poco más de tiempo.

Paso 2

Ahora, usted va a volver a imaginar ese último minuto en el que se enteró de que había sido engañado y había roto. Esta vez, sin embargo, debe imaginarlo como si estuviera sucediendo a otra persona. Observe el recuerdo desde una posición distante en la que sienta que no tuvo nada que ver. Mientras hace esto, imagine lo siguiente sobre la persona que le hizo daño:

Imagine que la persona le habla y lleva una peluca afro de arco iris gigante, lleva solo ropa interior y no deja de resbalarse con cáscaras de plátano. Usted quiere que esta etapa implique hacer que el recuerdo parezca tan ridículo como sea posible. Ahora, vuelva a imaginar la escena de principio a fin con esas alteraciones.

Ahora piense en su excónyuge rompiendo con usted mientras lleva una peluca afro de arco iris y no puede ponerse de pie, ya que cada vez que lo hace, se resbala y cae cómicamente al suelo.

Paso 3

Usted va a repetir ese recuerdo para sí mismo de nuevo, aunque esta vez en cámara lenta. Quiere centrarse realmente en lo absurdo del recuerdo. Ver realmente esa peluca afro y esa ropa interior, y que la persona sigue cayendo y probablemente esté cubierta de plátano al final. Concéntrese en todas las palabras que se dicen a través de gritos de sorpresa mientras se resbala una y otra vez sobre las cáscaras de plátano.

Paso 4

Ahora, usted va a pensar en sí mismo durante este proceso. Imagine que usted es capaz de ver su propia reacción al recuerdo que ha sido superada por la ridícula peluca, los plátanos y la ausencia de pantalones, y lo absurdo que es todo el proceso. Imagine sus propias reacciones a todas estas diferentes etapas, ¿lo encuentra cómico? ¿Le molesta? ¿Todavía está herido y enfadado por ello?

Paso 5

Ahora, es hora de pensar en el incidente de nuevo, sin el absurdo filtro sobre él. Piense en el recuerdo doloroso y que lo transformó en algo menos doloroso. ¿Sigue doliendo el recuerdo? ¿O encuentra que es más fácil de tolerar ahora? Si tuvo éxito, debería sentirse divertido por toda la situación. Deberían volver los sentimientos de diversión relacionados con la peluca de arco iris, los plátanos y la ropa interior cuando piense en el incidente en lugar de sentir una verdadera angustia.

Capítulo 7: Análisis de la conducta humana

El comportamiento humano, aunque todos somos bastante únicos, sigue tendencias relativamente predecibles. La gente tiende a comportarse de la misma manera en situaciones similares, y debido a eso, se hace fácil analizar esos comportamientos y entender lo que está pasando dentro de la mente de otra persona. Esto es exactamente lo que el análisis de la conducta humana se esfuerza por hacer: quiere entender lo que está pasando en la mente de otro y tomar el control de las conductas con el fin de influir en ella.

Definiendo el análisis de la conducta

En su forma más simple, el análisis de la conducta se refiere a una ciencia que entiende el comportamiento de otras personas. Estudia el cómo la biología impacta en los comportamientos, y cómo los comportamientos pueden cambiar según el contexto. Si usted se tomas el tiempo de aprender los patrones y los comportamientos comunes de otra persona, será capaz de notar los patrones y averiguar las causas de cada comportamiento, lo que le permite entonces centrarse en cambiar los comportamientos interrumpiéndolos o redirigiéndolos de alguna manera.

Control de las conductas

Hay varias maneras diferentes de controlar el comportamiento de otras personas, que van desde apelar a la autoridad hasta la forma en que se expresa. No importa la forma en que usted elija cómo controlar a otra persona, se puede utilizar de manera que influya en la otra persona para que actúe de ciertas maneras simplemente porque usted es capaz de leer y redirigir sus conductas de la manera correcta. Aquí hay algunas de las formas en las que puede controlar los comportamientos de un individuo.

Identificar los puntos fuertes

Cuando usted identifica los puntos fuertes de otra persona, prepara las cosas de manera que pueda reconocer lo que hace bien, y puede jugar con eso más tarde. Por ejemplo, si entiende que alguien es muy hábil en el arte, puede redirigirlo a hacer algo que quiere que haga porque sabe que es bueno en ello.

Conciencia

La conciencia es vista como un estado de comportamiento en el que usted es consciente de sí mismo en ese momento. Puede controlar el comportamiento de alguien haciéndole de repente muy consciente de lo que está haciendo en ese momento —por ejemplo, puede decirle a un niño que está haciendo algo, lo cual puede hacer que pare. Cuando se activa la conciencia en una cosa, se puede influir en otra, como por ejemplo llamar la atención sobre el hecho de jugar con las manos, lo que puede distraer de otro intento de persuadir o influir en un individuo.

Activar el comportamiento de conexión

Cuando usted busca activar un comportamiento de conexión, está esencialmente condicionando a la otra persona a un patrón específico de comportamiento. Piense en el perro de Pavlov —Pavlov tocaba una campana cada vez que le presentaba comida al perro. Eventualmente, el perro salivaría al sonido de la campana. La campana era el comportamiento de conexión.

Lectura en frío

La lectura en frío se refiere a la idea de que la gente ponga información lo suficientemente vaga como para que casi cualquiera pueda relacionarla, y sacar conclusiones a través de la observación del comportamiento de la otra persona. Piense en una psíquica que finge leer una bola de cristal —puede decir algo vago sobre alguien que quiere contactarse con usted desde el otro lado, y usted puede reaccionar gimiendo, como si fuera su recientemente fallecida querida tía Ellie. Eso le dio la información que necesitaba para seguir adelante y convencerle de que tiene razón. La lectura fría en el análisis de la conducta es similar —el individuo dice algo y observa sus reacciones, esencialmente yendo a una expedición de pesca.

Priming

El priming se refiere a la idea de que un estímulo puede crear una influencia en lo que sucederá con el segundo estímulo. Piense en los mensajes subliminales —se le muestra una cosa en la que puede tener un pensamiento bueno o malo, y luego se le muestra una segunda cosa. Usted puede hacer que la gente asocie una palabra relativamente neutra, como "plátano", con un concepto completamente ajeno a ella, como "amistoso", simplemente presentando "amistoso" antes o después de "plátano" repetidamente.

Lingüística

La forma en que usa las palabras importa mucho: puede usar ciertas palabras y frases de ciertas maneras para fomentar ciertos tipos de comportamientos. Usar palabras con connotaciones positivas es mucho más probable que desencadene buenos comportamientos que palabras que son negativas. Piense en la PNL con este concepto — puede atraer a una persona a través del uso de palabras que son significativas o relevantes para ese individuo.

La confusión como arma

Cuando se utiliza la confusión en su contra, es mucho más probable que esté de acuerdo con lo que se le pide que haga. Debido a que usted está confundido, su mente está preocupada tratando de calcular lo que acaba de suceder, y se vuelve vulnerable a lo que sea que la otra persona esté tratando de sugerir. Esto es útil en la manipulación, si pudiera mantener a la otra persona confundida y desequilibrada, por así decirlo, no será capaz de protegerse de las tácticas de confusión.

Interrupciones

Usted puede interrumpir y redirigir las conductas —la sorpresa que es probable que ocurra cuando interrumpa repentinamente a alguien suele ser una apertura suficiente para que usted sugiera que haga otra cosa, que probablemente vaya a hacer.

Escasez y arrepentimiento

Una de las formas más fáciles de hacer algo más valioso es limitarlo —una vez que ya no es ilimitado, todo el mundo lo quiere y todos lucharán para conseguir uno. Esto significa que usted puede hacer que la gente quiera algo o que haga algo simplemente restringiendo sus opciones. Puede decirle a alguien que no haga algo, lo que hace que sea más probable que lo haga por despecho, o puede limitar las opciones, haciéndole sentir que tiene que actuar o que se arrepiente de no hacerlo en primer lugar.

Anclaje de comportamiento avanzado

Esto se refiere a la idea de que usted puede crear prejuicios que influyan en la forma en que una persona se comporta a través de un ancla. Por ejemplo, cuando usted va a tomar decisiones, normalmente se apoya en un ancla de información. Esta ancla se utiliza como su sesgo para lo que sea que usted vaya a decidir. Por ejemplo, si necesita decidir qué tipos de cultivos se van a cultivar en su granja, se anclará en la información específica sobre lo que crece bien en su zona. Esto puede ser controlado, sin embargo, si alguien inculca un ancla falsa. Si alguien le convence de que los plátanos crecen bien en su clima en lugar del algodón habitual que cultiva, usted puede tomar decisiones basadas en esa ancla falsa que le dijo que cultivara plátanos. Esto significa que, si usted es capaz de inculcar anclas falsas a otra persona, puede asegurarse de que se comporte de manera que sea relevante para usted y se beneficie.

Usando la voz

Su voz es quizás su herramienta más influyente y convincente de todas, su tono puede convencer a la gente de hacer una amplia gama de cosas. Piénselo de esta manera: es mucho más probable que usted acepte algo si alguien se lo pide amablemente que si se lo gritan, o si se lo cantan. Si usted está intentando llamar la atención de alguien, por ejemplo, puede bajar la voz a un susurro para llamar su atención. De repente tendrán que escuchar atentamente y concentrarse realmente en usted y en lo que está diciendo para poder escucharle realmente, y lo harán. Usted puede guiar a las personas en base a su tono y a lo fuerte o suave, contundente o gentil que lo haga.

Parte III
Formas de persuadir, influir y manipular

Capítulo 8: Influencia y persuasión

La influencia y la persuasión son dos grandes habilidades a dominar, con ellas, usted es capaz de influir en otras personas para que digan sí simplemente por la forma en que usted se presentas y cómo lleva su vida. Estas herramientas pueden ser muy valiosas para usted, y ser capaz de aprovecharlas puede abrirle todo un nuevo mundo. Cuando usted puede influenciar y persuadir a la gente, es capaz de convencerlos de que hagan lo que les pide sin depender de tácticas de manipulación. Lo hacen porque quieren, aunque usted los convenció de que lo hicieran. Sin embargo, la influencia no es necesariamente algo malo, puede ser increíblemente útil para que los líderes o las personas en posiciones de poder la entiendan y la utilicen. Cuando se es capaz de influir en los demás, se puede tener un efecto en lo que están haciendo, pero eso no es necesariamente ser manipulador. La manipulación conlleva un aire de egoísmo —se hace para beneficiar solo a la persona que manipula. La influencia por sí misma es alentar a alguien más a actuar de la manera que usted quiere, pero no es para su propio beneficio, por lo general es porque usted cree que es mejor para todos.

Principios universales de persuasión

Al intentar persuadir a otras personas, se han descubierto y definido seis principios universales. Estos seis principios son clave para convencer a otras personas de forma rápida y eficazmente. Son una especie de atajos para lograr la persuasión de forma más rápida y fácil. Cuando se quiere persuadir a alguien para que haga algo, se pueden usar estos atajos para tratar de guiarlos más rápidamente. Estos seis atajos, los principios universales de la persuasión, son la reciprocidad, el compromiso y la coherencia, la prueba social, la autoridad, el gusto y la escasez. Cuando se entienden estos atajos, se pueden aumentar las posibilidades de influir en alguien más para que haga lo que se le pide.

Reciprocidad

El primero de los seis principios es la reciprocidad. Cuando se simplifica, es la noción de que la gente tiende a sentirse obligada a devolver el favor cuando ha recibido algo. Por ejemplo, cuando se le hace un favor a alguien más, es más probable que lo devuelva. Si hace de niñera para su mejor amigo durante una hora, este se sentirá obligado a hacerlo la próxima vez que se lo pida, incluso si se trata de un inconveniente o molestia que normalmente bastaría para que ese amigo se disculpara y se negara. Esto se puede ver más allá en el trabajo: si usted ayuda a otra persona con su tarea, es mucho más probable que le devuelva el favor cuando se lo pida.

Cuando intente utilizar el concepto de reciprocidad, empiece siendo el primero en dar un regalo o un favor. Asegúrese de que sea inesperado y adaptado a esa persona de una forma u otra. Por ejemplo, si su amigo se queja de estar ocupado ese fin de semana y realmente necesita ayuda, puede ofrecerse a hacerlo y traer una botella de vino o cerveza para disfrutar cuando termine el trabajo. Si hace esto, es mucho más probable que el amigo le ayude en el futuro cuando lo necesite.

Compromiso y coherencia

El segundo principio es el compromiso y la coherencia. La gente tiene una tendencia a caer en hábitos. Les encanta la consistencia, es probable que hagan algo que ya han hecho antes simplemente porque es familiar y la familiaridad es cómoda. Con eso en mente, si usted empieza pidiendo algo pequeño a alguien y lo hace, es más probable que haga algo un poco más grande inmediatamente después. Si les pide que hagan una pequeña donación a una buena causa, pueden hacerlo, y la próxima vez que se les pida que hagan una donación un poco más grande, estarán más inclinados a hacerlo. Cuando se capta la consistencia de otra persona, se puede ir aclimatando poco a poco a hacer lo que se quiere o se necesita que hagan.

Esto se puede reforzar aún más obteniendo compromisos. Una vez que alguien se ha comprometido a hacer algo, usted puede usar ese compromiso para convencerlo de que haga más la próxima vez. Por ejemplo, imagine que su trabajo es organizar una comida para su oficina. Comienza asignando a todos una sola tarea de llevar un solo plato, y luego, una semana más o menos antes del evento, puede comenzar a pedirle a la gente que haga un poco más. Puede pedirle a una persona que lleve su plato y algunas bebidas, y a otra persona que lleve su plato y algunos cubiertos de plástico, y así sucesivamente. La gente no lo verá como algo tan grande cuando lo comparen con si se les pidiera inicialmente que trajeran ambas cosas simplemente porque añadir una pequeña cosa encima de otra tarea no parece tan desalentador como asignar dos tareas a la vez.

Prueba social

La prueba social es la idea de que la gente tiende a ceder a las presiones sociales. Cuando no están seguros de una situación o acción, mirarán a ver lo que otras personas están haciendo para decidir lo que ellos mismos deben hacer. Es más probable que se conformen con lo que otras personas están haciendo cuando no están seguros de lo que deberían hacer ellos mismos, y esta idea puede utilizarse para influir en otros para que hagan lo que usted quiere. Se puede hacer esto de varias maneras diferentes para influir en la otra persona para que crea que la gente en general hace lo que usted quiere que haga.

Por ejemplo, imagine que estás recolectando donaciones —las personas que no están seguras de hacerlo son a menudo influenciadas a hacerlo si la persona que recolecta las donaciones tiene una lista de personas que han donado. Si ven que otras personas han estado donando, es más probable que lo hagan por defecto, y si ven los nombres de personas que reconocen, es aún más probable que lo hagan. Las personas se sienten presionadas a conformarse, y a menudo lo hacen por defecto cuando es posible. Esto significa que se podría influir artificialmente en alguien llevándolo a un lugar donde otras personas están haciendo lo que se les pide que hagan, sentirán que la petición de hacer lo que sea debe ser más razonable si los que están a su alrededor lo están haciendo.

Autoridad

La gente tiende a escuchar a las autoridades. Si alguien se presenta como conocedor de un tema, es probable que la gente le crea simplemente porque no tiene una razón real para dudar de la persona. Debido a esta tendencia, la gente tiende a exhibir sus credenciales en sus paredes, o se esfuerza por enumerar sus títulos y licenciaturas en sus tarjetas de visita o etiquetas de identificación. Cuando uno siente que está hablando con una autoridad, es probable que le crea, sin importar lo que diga o si tiene razón en algo. También es más probable que usted se atenga al pensamiento de la autoridad, aunque esté equivocado y sepa la verdad porque asume que la autoridad tiene razón, y usted vuelve a cuestionar. Esto puede ser usado a su favor cuando intenta persuadir a otras personas si usted sabe lo que hace.

Quiere dejarle claro a la otra persona que usted es una autoridad en el tema. Puede hacer esto de varias formas posibles —exhibir sus premios y galardones le hace parecer más deseable y conocedor cuando usted está en su oficina. Hacer que otras personas le presenten enfatizando su experiencia es otra forma de afirmarse instantáneamente como autoridad. Cuando la gente crea que usted tiene autoridad, encontrará que su propio juicio no tiene críticas ni argumentos, ya que la gente se somete a su propia autoridad.

Agrado

En última instancia, todos queremos ayudar a la gente que nos gusta. Estamos mucho más inclinados a hacer algo inconveniente si nos gusta el individuo simplemente porque podemos identificarnos con él. Esto es algo que se hace más difícil de influenciar a medida que más interacciones se mueven en línea en lugar de en persona, pero sigue siendo increíblemente útil. En última instancia, cuando las personas se gustan, es mucho más probable que acepten hacer algo cuando se les pida.

Si quiere aprovechar esto, entonces quiere crear una especie de vínculo entre usted y la otra persona, si es que no lo tiene ya. Esto es relativamente fácil de fingir en las interacciones personales —hay tres factores definitorios que determinan si nos gusta alguien o no, o si sentimos que nos gusta. Estos son:

- Las personas con las que nos identificamos
- La gente que nos felicita
- Las personas que son cooperativas y ayudan a trabajar hacia objetivos mutuos

Estos pueden ser reproducidos artificialmente con relativa facilidad, usted puede comenzar sus interacciones a través de historias personales. Relacionarse de alguna manera con la otra persona. Si usted está en una oficina de ventas, ya sea de coches u otros artículos, podría tener fotos de su familia en la pared. Si usted está hablando con alguien sobre un coche, cuéntale una historia personal que tenga en mente sobre el vehículo. Ofrezca cumplidos a la otra persona, tal vez sobre su gusto por lo que sea que esté buscando comprar, o en algo que diga o haga. Ríase de sus chistes, o haga otras cosas que puedan hacer que se sienta mejor consigo mismo. Por último, puede dejar claro que los dos son un equipo, ambos están comprometidos en que la otra persona compre su casa, o su coche, o en encontrar una solución que funcione para él. Cuando usted pueda marcar los tres criterios clave para ser agradable, se dará cuenta de que es mucho más probable que la otra persona se deje influenciar cuando le pida que haga algo en el futuro o cuando le sugiera que compre un objeto específico. Sentirá que usted tiene su mejor interés en el corazón porque lo encuentra agradable, y estará más inclinado a estar de acuerdo con sus sugerencias.

Escasez

La gente es relativamente inconstante. Quieren lo que no pueden tener. No importa si algo era indeseable el día anterior, si de repente hay una restricción en un producto, la gente va a estar más inclinada a quererlo simplemente porque no pueden tenerlo. ¿Conoce el viejo adagio de que la distancia hace que el corazón se encariñe? Resulta que la ausencia también lo hace, y la gente tratará desesperadamente de conseguir algo solo porque temen no poder conseguirlo. Piense en todas las ediciones limitadas que las cadenas de cafés y restaurantes han sacado y lo fácil que sería mantenerse al día con la oferta y la demanda de esos objetos. En cambio, las empresas crean artificialmente escasez para convencer a la gente de que se apresure a intentar conseguir el artículo, lo que solo sirve para ganar más dinero. Como la gente lo ve como una oferta de tiempo limitado, se apresuran a conseguirlo mientras aún puedan, y el producto se vende rápidamente, haciendo que la gente llegue específicamente por el artículo, pero sin poder conseguirlo. Esas personas entonces, por supuesto, compran algún otro artículo del menú, ya que ya han hecho el viaje hasta allí.

Si usted quiere aprovechar el principio de escasez para conseguir lo que quiere, debe completar dos pasos, primero debe dejar claro cuáles son los beneficios del artículo para la persona que está en duda. Luego, debe hacerle entender lo que puede perder si no acepta. Si están debatiendo la compra de un coche, por ejemplo, puede repasar los diferentes beneficios de comprar dicho coche, pero luego señalar que también pueden perder un trato mortal si no lo compran hoy, haciendo hincapié en que un trato como este no durará en el lote, y que, si no lo compra, no puede garantizar que esté disponible por la mañana. Esto presiona a la otra persona para que decida más rápido, pero también deja claro que se trata de una oferta por tiempo limitado, con una disponibilidad también limitada. Es mucho más probable que la otra persona esté de acuerdo si siente que va a salir perdiendo con un robo, incluso si el trato no es tan bueno como usted lo muestra.

La ética restante

Persuadir a otras personas para que hagan ciertas cosas puede mantenerse ético, y absolutamente debe mantenerse ético, ya que el tratamiento ético es necesario para respetar a otros humanos. Cuando se quiere mantener la ética de la persuasión, se deben tener en cuenta tres cosas:

- El punto de vista de la otra persona
- Su propio punto de vista
- Una solución que abarca ambos

Cuando se mantiene el punto de vista de la otra persona y lo que la otra persona busca ganar, se asegura de mantener la persuasión ética. Usted considera a la otra persona y se asegura de que la otra persona no es simplemente una herramienta a usar para conseguir lo que sea que esté deseando en ese momento. Esto significa que usted respeta a la otra persona como individuo y trata de permanecer justo y equitativo.

Cuando usted considera su propio punto de vista, está asegurando que no se rinde o se pone en una mala posición. Desea ayudar a la otra persona, pero también quiere que le ayuden a usted, apelando al principio de reciprocidad. No es un trabajo gratuito y quiere ver algún tipo de beneficio, ya sea dinero en un trabajo, respeto y amor en una relación, o incluso simplemente gratitud a veces.

Por último, cuando se llega a algún tipo de solución que esté alineada tanto con el punto de vista propio como con el de los demás, se puede asegurar que todos sean atendidos. Usted logra que la otra persona tenga algo que le funcione, y usted obtiene un resultado que le funciona. Todo el mundo es feliz. Se considera ético porque ha considerado a la otra persona y no la ha presionado o coaccionado a tomar una decisión solo para su propio beneficio egoísta.

Capítulo 9: Técnicas de manipulación

A fin de cuentas, las técnicas de manipulación son muy frecuentes. Aunque no es recomendable cuando se trata de mantener la ética, es importante entender algunas de estas tácticas de manipulación comúnmente utilizadas. Cuando se pueden reconocer, se comprende cómo evitarlas, lo que es crucial cuando se intenta permanecer sin manipular y sin prejuicios. Aquí hay nueve formas comunes en que la gente intentará manipular para obtener los resultados deseados.

Transmitir las altas expectativas

Cuando se transmiten expectativas, se puede influir en los objetivos para motivar a la otra persona a ir más lejos. A menudo se conoce como postes de meta en movimiento —se empieza con expectativas relativamente bajas y poco a poco se va subiendo a otras más altas. Se hace en incrementos, trabajando lentamente hasta lo que sea que realmente quiere. Esto funciona de la manera en que lo hace porque es probable que la gente no esté de acuerdo en hacer algo que es una molestia para ellos. Por ejemplo, si usted le pide un favor a alguien y quiere que le arregle todo el coche, puede empezar por preguntarle si puede cambiarte el aceite porque no estás seguro de cómo hacerlo.

Incluso puede preguntarle si puede mostrarle cómo hacerlo. Cuando estén bajo el capó del coche, podría pedirle que echen un vistazo a las bujías también, porque tiene algunas, pero no está seguro de cómo cambiarlas. Cuando acepte hacerlo y ya estén debajo del coche, puede pedirle que haga alguna otra tarea menor relacionada con ello también, y que recorran lentamente por las partes del coche que requieren atención. Eventualmente, la otra persona habrá hecho mucho trabajo sin ningún esfuerzo de su parte.

Esto funciona porque una vez que las personas han dicho que sí, sienten que no pueden decir que no a las tareas relacionadas. Probablemente habrían dicho que no si les hubieran dado la lista de reparaciones que querías que se hicieran en su coche, pero como poco a poco subió la barra, pidiendo más y más a lo largo del tiempo, se dejaron convencer más fácilmente para que lo hicieran todo. El salto de hacer un cambio de aceite a hacer un cambio de aceite y revisar las bujías no es pedir mucho. Al añadir varias pequeñas tareas a la lista, la tarea se hizo exponencialmente más larga, y la persona se sintió atrapada en el acuerdo de hacerlo todo.

Control del lenguaje corporal

Como se mencionó brevemente antes, el lenguaje corporal puede ser esencialmente controlado, convenciendo a otras personas a creer y hacer ciertas cosas basadas en cómo usted se mueve. Comienza este proceso a través del reflejo. Recuerde, el reflejo implica que imite los pequeños movimientos de la otra persona. No lo haga demasiado obvio, o la otra persona tendrá la sensación de que los está copiando. Usted quiere que sea apenas perceptible. Por ejemplo, podría empezar tomando un trago inmediatamente después de que el otro lo haga, o ajustando su posición de sentado cada vez que lo haga. Estas pequeñas señales son importantes para la otra persona —le dicen a la otra persona que ustedes dos se están sincronizando, y a medida que lo haga, también podrá empezar a controlar a la otra persona.

Cuando usted se dé cuenta de que la otra persona está empezando a reflejarse en usted cuando se mueve, sabrá que está listo para tomar el mando de la otra persona. Puede hacer esto con pistas sutiles para guiar a la otra persona a hacer otras cosas por usted. Por ejemplo, puede dirigir la conversación, inclinándose hacia adelante cuando esté listo para hablar y dando señales a la otra persona para que se detenga y escuche, o usando un gesto rápido para dar señales a la otra persona para que le siga. Hay varias señales de lenguaje corporal que puede tomar que harán que la otra persona haga ciertas cosas en este momento. Cuando usted controla el lenguaje corporal, esencialmente controla la duración de la conversación, cuándo habla o recibe una respuesta, y cuánto tiempo permanece en un área, esencialmente concediéndole el control sobre la otra persona.

Crear consistencia en el comportamiento

Similar a la consistencia y compromiso en la persuasión, usted puede manipular a la gente para que obedezcan y se sometan a través de la creación de una consistencia en el comportamiento. La gente quiere sentirse consistente cuando están haciendo cosas, y al hacer que un individuo haga algo una vez, es mucho más probable que lo haga en el futuro. Esto es porque la gente anhela y valora la consistencia. Si usted desea usar esto para manipular a la gente, la clave está en conseguir el compromiso inicial. Una vez que pueda conseguir ese compromiso inicial, la probabilidad de que la persona continúe comprometiéndose por la presión de parecer consistente, obtendrá el resultado que usted quiere. La voluntad de la persona de obedecer y ser coherente hace toda la motivación, ya que quiere ser vista como coherente por todos los que le rodean —si se le conoce como la persona que es inestable o impredecible, sabe que eso perjudicará su presencia social, y no quiere eso.

Si usted desea utilizar esta táctica, entonces, consiga el compromiso inicial por cualquier medio necesario y luego continúe pidiendo lo que sea que se comprometan. No solo la tolerancia de su petición se desarrollará con el tiempo, sino que la expectativa social de conformarse también mantendrá a la persona en línea.

Normas sociales y presión

La gente frecuentemente se conforma a la presión social —este fue incluso uno de los principios de persuasión enumerados anteriormente. También puede ser usado para manipular o coaccionar a otras personas para que se conformen también. Esto es frecuentemente visto como presión de grupo, en la cual aquellos alrededor de un individuo están haciendo algo para que el individuo también sienta la necesidad de conformarse.

La razón por la que esto funciona es que la otra persona siente que quiere ser parte del grupo. Las personas no disfrutan de ser aisladas o ignoradas, y por eso tratan de ser parte de la multitud, por así decirlo, incluso si eso significa sacrificar sus propios valores. Esto se debe a que la gente tiene dos necesidades distintas de las que se aprovecha: La necesidad de ser querido y la necesidad de tener razón. Sienten que la multitud, que está llena de gente que hace lo mismo, debe tener razón, y quieren ser aceptados. La respuesta predeterminada entonces es predeterminar lo que la multitud está haciendo para estar en lo cierto y agradar.

Esto se hace a menudo para mantener a la gente en línea con lo que el manipulador individual quiere. Puede apelar a las normas sociales y a la presión si usted expresa incomodidad o tratando de resistir lo que se le pide, a través de la eliminación de los nombres de las personas que conoce a su alrededor, o de aquellos que son famosos, que han hecho lo que sea que él quiere que usted haga. Por ejemplo, si usted está comprando un coche y él está tratando de venderle un modelo específico, puede decir que alguna celebridad prominente acaba de comprar uno, al igual que otras dos personas que usted conoce, con la esperanza de que usted sienta la necesidad de conformarse. Esto también puede hacerse de maneras más abusivas, como decirle a una víctima de abuso que el comportamiento es normal, y que otras personas están dispuestas a hacerlo, lo que implica que tal vez vaya a buscar a alguien más para hacer lo que sea que esté preguntando si la persona quiere seguir resistiendo.

Exposición repetida

A través de la exposición repetida, la tolerancia a algo sube. Piense en esto como si el nivel de tolerancia de un drogadicto a una droga subiera con cada uso. Esto funciona para otros conceptos también —a medida que la persona se adapta, la tolerancia aumenta. A menudo se ve en las relaciones abusivas con el fin de manipular a alguien para que se quede, se puede ver a alguien que comienza con una menor exposición a la violencia o al abuso. Tal vez sea un insulto, seguido de una disculpa. La próxima vez, puede ser un insulto sin una disculpa, y poco a poco se va abriendo camino hasta que la víctima descubre de repente que el abuso ha aumentado mucho más allá de un simple insulto.

Esto puede ser usado también en otros contextos, puede ser capaz de convencer a alguien de creer algo a través de la exposición repetida al pensamiento u opinión. Por ejemplo, si usted cree firmemente que el color que es claramente el color más supremo que existe es un tono de amarillo muy específico, pero su pareja no está de acuerdo y le gusta otro color, usted comenzaría lentamente a exponer a su pareja a ese tono específico de amarillo. Con el tiempo, la pareja se acostumbraría más al tono de amarillo, y eventualmente podría incluso comenzar a preferirlo, especialmente si usted comienza a exponer a su pareja mientras lo empareja con algo placentero, como un abrazo y un beso. La pareja puede comenzar a asociar el color con la experiencia agradable de recibir un abrazo y un beso, y llegar a preferirlo.

Por supuesto, este último ejemplo es algo disparatado, pero abarca el concepto. A través de la exposición repetida a un pensamiento, sentimiento, artículo, opinión o comportamiento, la persona comienza a tolerarlo más. Con el tiempo, dependiendo de lo que sea, puede llegar a ser preferido, especialmente en la idea de pensamientos y sentimientos.

Términos

Los términos empleados pueden cambiar la forma en que usted percibe que algo está sucediendo en el momento. Es muy fácil influir en la opinión de alguien simplemente cambiando la forma en que se dicen las cosas. Puede compartir partes específicas de los hechos mientras elige dejar fuera a otros, o usar otras formas de decir las cosas para que parezca de una manera, aunque sea de otra. A menudo se ve esto en la política, con los políticos redactando las cosas que los iluminan de la mejor manera posible con la esperanza de ser elegidos o de obtener los votos que querían.

La manipulación de los hechos puede ser quizás la más peligrosa de las formas en que se manipulan las palabras. Estas eligen palabras específicas y ambiguas para que no quede claro lo que se está diciendo. Esto permite cierto nivel de negación plausible sin dejar claro cómo la persona se posiciona de una manera u otra. Por ejemplo, a un político se le puede hacer una pregunta, pero la responde de manera que no responda directamente a la pregunta, sino más bien indirectamente y no exactamente en el contexto solicitado.

La razón de esto es que entonces pueden negar lo que se está diciendo. Por ejemplo, si le pregunta a un político si una política aumentaría los impuestos, puede que responda en cambio que la clase alta pagará más en impuestos mientras que la clase media pagará menos en gastos totales. Esto no responde si se aumentarán los impuestos, sino que solo responde que la clase media está pagando menos en lo que se está discutiendo. Esto se hace así cuando alguien dice que el político ha dicho que la clase media está pagando más en impuestos, puede negar y decir que no ha dicho tal cosa, y la clase media estará pagando menos en total que antes. Entonces negarán y se reorientarán a otro tema en su lugar, eligiendo evitar los temas que creen que les harán parecer desfavorables o como un candidato indeseable para lo que sea que estén tratando de conseguir.

Motivar a través de las limitaciones

Volviendo nuevamente la escasez y las limitaciones que juegan un papel clave en la persuasión, la manipulación también puede implicar limitaciones. Cuando las cosas están limitadas de alguna manera, de repente parecen más atractivas. Puede ser el último trozo de pastel en la nevera, la bebida de edición limitada en la cadena local de cafeterías, o incluso un comportamiento que se le dijo específica y explícitamente que evitara hacer. Todos esos son diferentes tipos de limitaciones, y todos ellos incitan a intentar conseguir lo que sea que haya sido limitado.

Hay tres razones distintas por las que reaccionamos de esta manera: la reactancia psicológica, la aversión a la pérdida y la teoría del producto. Cada una de ellas es relevante cuando las cosas se limitan y motivan de diferentes maneras.

La reactancia psicológica se refiere a sentir como si hubiera estado limitado y decidir resistirse a ello de alguna manera. Reacciona a estar limitado y en cambio siente que necesita hacer lo que sea que se le haya quitado. Es esencialmente psicología inversa, en la que le dice a alguien que no haga algo para que lo haga. Al eliminar las opciones que tenían, usted desencadena una resistencia.

La aversión a la pérdida se refiere a nuestro miedo a perder cosas, incluso si la cosa que estamos perdiendo es algo que nunca quisimos realmente. Por eso es más probable que la gente compre algo cuando se da cuenta de que es escaso, porque si, por casualidad, deciden más tarde que lo quieren, pero no pueden tenerlo, sienten que se arrepentirán de no haberlo comprado cuando podían.

Por último, la teoría del producto se refiere al hecho de que la gente ve las cosas como inherentemente más valiosas cuando son limitadas. Lo valoran más simplemente porque no estará disponible en un futuro próximo, incluso si es algo que no les importará cuando esté disponible. Todo esto funciona en conjunto y permite manipular o influenciar a la gente para que haga lo que usted pide.

Por ejemplo, imagine que quiere que alguien se ocupe de los platos mientras usted está en el trabajo. Puede decirles, "Oye, no laves los platos mientras estoy en el trabajo - lo haré más tarde cuando vuelva entre mis deberes y otras responsabilidades". Esencialmente, limita el comportamiento de la otra persona, y puede que se vean obligados a lavar los platos simplemente porque ha llamado la atención sobre ellos. También puede convencer a la gente de que se coman lo último de algo simplemente diciendo que es lo último y viendo cómo reacciona todo el mundo. La gente está obligada a disfrutarlo más cuando es el último de los artículos, y la gente estará luchando para conseguirlo. ¡Esa es una gran manera de vaciar las sobras de su nevera antes de que caduquen!

Comportamiento del ojo por ojo

El comportamiento de "ojo por ojo" se refiere a la tendencia a devolver lo que se da. Si alguien le mira mal, es mucho más probable que devuelva la mirada que la sonrisa. De la misma manera, si alguien le sonríe, es probable que se sientas inclinado a devolver la sonrisa. Este tipo de intercambio de retorno de ida y vuelta se conoce como "ojo por ojo", en el que las personas devuelven lo que se les da, o esperan un intercambio equivalente por ellos.

Esto se refiere al equilibrio de poder que existe en las relaciones — siempre hay algún tipo de nivel de altruismo frente al egoísmo o la competitividad en cada relación en diferentes grados. Algunas personas serán mucho más competitivas y exigirán igualdad, en la que parecen crear una especie de tarjeta de puntuación en la que pueden utilizar para justificar y exigir ciertos comportamientos a cambio. Pueden exigir que su pareja les dé un masaje en los pies porque han dado tres esa semana y es su turno. Esta puntuación lleva al resentimiento y al conflicto. Sin embargo, cuando se usa de forma más desinteresada, en la que las personas actúan constantemente de forma beneficiosa simplemente porque querían hacer algo bueno por la otra persona, tienden a ser más felices.

Esto puede ser usado para manipular a otros fácilmente —dar lo que se quiere recibir a cambio. Si usted quiere que su pareja sea cariñosa, responda primero con cariño. Si quiere ayuda, responda primero ayudando a la otra persona.

Lo interesante de esta táctica de manipulación es la tendencia de los psicópatas a usarla. Aquellos que están calificados como más altos en tendencias hacia la psicopatía son mucho más propensos a siempre deferir a lo negativo. Piense en el dilema del prisionero: en el dilema del prisionero, se le dan dos opciones: pueden desertar o pueden cooperar. Si ambas personas cooperan, ambos prisioneros reciben una sentencia de 5 años. Si uno coopera y el otro deserta, el que ha desertado obtiene una sentencia de 10 años mientras que el otro sale libre. Sin embargo, si ninguna de las dos personas habla y ambas permanecen en silencio, cada una de ellas cumple 2 años. Los dos prisioneros, estando en cuartos separados, tienen que decidir qué hacer sin interactuar entre ellos.

Este experimento se hace frecuentemente para ver lo que las personas tienden a hacer naturalmente, y a menudo, los psicópatas suelen desertar, independientemente de si la otra persona intenta cooperar repetidamente. El psicópata no se preocupa por el "ojo por ojo" y solo se preocupa por obtener el mejor resultado posible para sí mismo.

Capítulo 10: Engaño

El engaño es algo que muchas personas prefieren evitar, pero puede ser particularmente útil cuando se está en una posición de necesidad de salirse con la suya rápidamente y no le importa cómo lo haga. Cuando usted es capaz de salirse con la suya, se asegura de mantenerse contento, y a veces, el costo vale la pena el resultado final, y las mentiras y el engaño pueden ser excusados en su propia opinión. Sin embargo, el engaño rara vez se considera ético, ya que es una tergiversación deliberada de algo con el fin de convencer a otros de que vean las cosas o hagan las cosas a su manera.

Definición de engaño

En psicología, el engaño se define como todo intento de engañar o timar a los involucrados. Usted puede mentir sobre algo, o decir algo que no es del todo correcto para convencer a otros de que hagan lo que usted quiere hacer. Esto se hace a veces en psicología para evitar cualquier prejuicio, pero en la vida real, con implicaciones reales, debe evitarse. El engaño es visto como deshonesto y debe ser evitado. El engaño implica mentiras y manipular la forma en que la otra persona interpretaría lo que se está diciendo o haciendo. Es inherentemente deshonesto, y para muchas personas, esa es una línea que no desean cruzar. Sin embargo, entender cómo detectar el engaño permite detenerlo o evitar ser víctima del engaño de alguna manera.

Descubriendo el engaño

Aunque es difícil detectar el engaño cuando no sabe lo que está haciendo, usted es capaz de aprender las claves y evitarlo si se esfuerza. Aquí hay varias maneras que le permiten detectar el engaño en otras personas de forma rápida y fácil, indicándole que es hora de hacer las preguntas adecuadas para detener el engaño en su camino.

Crear una línea de base

Cuando se trata de establecer si alguien está siendo honesto o está engañando, primero se debe crear una línea de base. Esto significa comprender el comportamiento de la persona en condiciones de honestidad. Quiere entender cómo es alguien cuando no está mintiendo para poder saber cuándo lo está haciendo. Por ejemplo, al principio de una entrevista, podría hacer preguntas que no tendrían razón de ser contestadas con una mentira, como el nombre, el lugar de nacimiento u otras preguntas relativamente inofensivas. A medida que la persona responde a estas preguntas honestamente sin razón para mentir, se puede tener una buena idea de cómo se comportan cuando están relajados, cómodos y son sinceros. Necesita recordar esta línea de base mientras sigue buscando señales de engaño más tarde.

Esté atento a las señales de alerta o de estrés

La mayoría de la gente se siente incómoda con la mentira. Incluso el acto de una simple mentira es suficiente para crear una respuesta de estrés. En una respuesta de estrés, el cuerpo automáticamente aumenta el ritmo cardíaco, la presión arterial y la respiración. En respuesta, es probable que el individuo tenga un comportamiento autocomplaciente, como lamerse los labios, frotarse las manos o moverse con el pelo o las joyas. Esto también se puede ver en la reacción inicial de la persona a lo que sea que le esté preguntando — las personas tienden a congelarse cuando se les presenta el estrés por primera vez, y es posible que usted pueda captarlo. Algunas personas son relativamente buenas para fingir que han pasado por esto, pero sus tobillos pueden bloquearse. La gente no suele pensar en controlar sus pies cuando trata de ocultar un engaño, y suelen ser una buena señal de engaño u honestidad.

Mire los ojos

Aunque a menudo se dice que hay que mirar a los ojos porque alguien que miente no hace contacto con los ojos, en realidad es porque hay varias otras señales que dan los ojos cuando se está involucrado en una mentira. A menudo, los mentirosos, especialmente si se sienten cómodos con el engaño habitual, son capaces de hacer contacto visual, e incluso pueden dar demasiadas. Aparte del contacto visual, se debe buscar la dilatación de las pupilas; estas tienden a dilatarse cuando se miente, y la velocidad a la que alguien parpadea. Al principio, se ralentizan cuando intentan inventar la mentira, y luego parpadean con más frecuencia justo después de la mentira.

Grupo de lenguaje corporal no verbal

Hay un grupo específico de lenguaje corporal que se ha asociado con las mentiras y la deshonestidad. Estadísticamente, es probable que haya deshonestidad si estas cuatro ocurren en conjunto, todas al mismo tiempo. Estos son: tocar las manos, tocar la cara, cruzar los brazos e inclinarse hacia atrás. Si usted ve a alguien oscilando entre estos, es probable que esté siendo deshonesto de alguna manera crucial. Tal vez quiera prestar más atención a lo que dicen para ver si puede entender el engaño.

Preste atención al vocabulario y a la elección de palabras

A menudo, la gente que está siendo engañada no responde del todo a la pregunta que se le hizo. O bien responden a una pregunta completamente diferente, o responden a la defensiva. Algunos de los ejemplos más obvios de esto incluyen los siguientes intercambios:

Persona A: *¿Tiene antecedentes penales?*

Persona B: *¿Parece que tengo antecedentes penales?*

O

Persona A: *¿Estaba en buenos términos con sus compañeros de trabajo cuando eligió este nuevo trabajo?*

Persona B: *Quería buscar otras oportunidades cuando elegí este trabajo.*

Note cómo ninguna de estas respuestas respondió a lo que se preguntaba en primer lugar. Esto puede ser problemático si se está entrevistando para un trabajo u otro puesto de mayor importancia, y se debe rechazar o dejar pasar al individuo. También se ve este tipo de discurso y evasión de preguntas en la política.

Escuche el tono de voz

A menudo, cuando usted está estresado, su voz sube de tono. Esto se debe a que las cuerdas vocales se constriñen a medida que usted se estresa, lo que hace que el tono sea más alto. También se puede ver a las personas que intentan beber agua con más frecuencia cuando están estresadas, simplemente porque sienten la sequedad de la boca por la adrenalina, que también constriñe sus cuerdas vocales.

Busque pistas ocultas de lenguaje corporal

¿Recuerda el capítulo dedicado a aprender a leer el lenguaje corporal? Aquí es donde entra en juego: usted debería ser capaz de leer las micro expresiones, o ráfagas inconscientes de expresión que ocurren antes de que la persona sea capaz de controlarlas. Es posible que pueda ver el movimiento de la frente de una persona cuando se enfada, o la sonrisa de desprecio antes de que pueda ocultarse. Si entiende cómo leer el lenguaje corporal de otras personas, es más probable que sea capaz de entender e interpretar cuando están tratando de engañarle u ocultar su lenguaje corporal en un intento de evitar la detección de sus mentiras.

Usando el engaño

Hay varias maneras diferentes de engañar, pero las más comunes implican la mentira por comisión, la mentira por omisión y la palabrería. Cada una de estas tres varía de diferentes maneras que pueden ser beneficiosas para los engañadores, pero lo más frecuente es que los engañados se sientan muy atraídos por ello, prefiriendo no ser engañados en absoluto.

Mentiras por comisión

Mentir por comisión significa que se ha añadido algo que es falso o activamente erróneo. Esto es una mentira descarada —usted puede insistir en que algo funciona bien, incluso cuando no lo hace, o que está seguro de que el mercado mejorará cuando esté seguro de que está al borde de un colapso. Esta es la más deshonesta de las mentiras, ya que implica decir activamente cosas que no son ciertas, y con frecuencia se ve el mayor lenguaje corporal que lo está traicionando.

Mentiras por omisión

Las mentiras por omisión implican mantener parte de la información fuera. Por ejemplo, se puede mentir por omisión cuando alguien no pregunta si el ordenador que vende funciona perfectamente, por lo que no se menciona que el ordenador necesita realmente una nueva fuente de alimentación porque la actual es defectuosa. Por lo que se ve, cuando se miente por omisión, se omite un componente clave simplemente porque se cree que era el trabajo de la otra persona mencionarlo si se preocupaba por ello en primer lugar y no se tiene la responsabilidad de tomarle la mano y hacer que rinda cuentas. No se siente mal por engañar a alguien porque la otra persona debería haber sido más concienzuda para empezar.

Palabrería

La palabrería implica evitar la pregunta en su totalidad. En este intento de engañar, usted responde a otra pregunta que no fue hecha. Responde con una declaración veraz, pero la declaración veraz no responde a la pregunta que se hizo. Por ejemplo, si le preguntan si cree que la computadora con la parte defectuosa seguirá estando bien durante los próximos años, puede responder que le ha durado los últimos años de forma fiable y sin problemas, lo que técnicamente puede ser cierto, pero no responde de frente que hay una parte que sabe que se está muriendo en ella. La palabrería es mucho más común que otras formas de mentir y engañar simplemente porque utiliza la verdad dentro de ella. La gente se dice a sí misma que no puede sentirse mal por ello cuando no ha hecho nada más que decir la verdad, lo que tranquiliza su conciencia lo suficiente como para estar dispuesto a seguir adelante con ella, aunque saben que han hecho algo que está técnicamente mal.

Detener el engaño con las preguntas correctas

Cuando quiere asegurarse de que alguien no está siendo deshonesto, hay varias preguntas que puede hacerse. Estas le llevarán a analizar realmente lo que se dice o se hace para asegurarse de que lo que se dice es verdad. Aquí hay diez preguntas que puede hacerse cuando intente identificar la verdad de la ficción.

- ¿Conozco al orador como honesto? ¿Qué sé para justificar si la persona está diciendo la verdad?
- ¿Suena esto realista?
- ¿Es esto verificable de alguna manera?
- ¿Qué puedo ganar si acepto esto como la verdad y actúo en consecuencia?
- ¿Qué puedo perder si acepto esto como la verdad y actúo en consecuencia?
- ¿Ganará algo el orador si acepto esto como verdad?

- ¿Hay algo que se exagera o se minimiza en lo que se dice?
- ¿Parece poco realista o demasiado bueno para ser verdad?
- ¿Me sentiría cómodo diciéndole a mi esposa o hijos que acepten esto sin dudarlo?
- ¿Hay algo que suene extraño o antinatural?

Si alguna de estas preguntas parece sonar la alarma, debe confiar en ese instinto e intentar llegar al fondo de las cosas. Si algo no suena bien, es probablemente porque algo no está bien y necesita ser analizado más a fondo. En caso de duda, puede comprobar los hechos. En una entrevista, puede anotar preguntas para pedir referencias o empleadores anteriores. O podría decidir que la persona no es confiable en general y no darle ni siquiera el beneficio de la duda. A menudo, vale la pena prestar atención a nuestra reacción instintiva, especialmente cuando se levantan todas las banderas rojas y suenan todas las alarmas. Confíe en su intuición, junto con estas preguntas y los más reveladores signos de engaño, y será capaz de protegerse e identificar cuando alguien más le está mintiendo en un intento de manipular o engañar.

Capítulo 11: Negociación

La negociación se ve con frecuencia en el ámbito de los negocios. Es algo natural: cuando dos personas no se ponen de acuerdo en algo, tienden a llegar a un estado de negociación en el que cada una trata de obtener lo que quiere de alguna manera. A menudo se utiliza para resolver conflictos y ayudar a mantener la paz, asegurando al mismo tiempo que todos obtengan algo con lo que puedan estar contentos. Esta es una forma de persuadir a la otra persona para que haga lo que usted quiere, ya que implica directamente el intento de influir en el comportamiento de la otra persona ofreciéndole hacer algo más a cambio. Esta es quizás una de las formas más evidentes de persuasión, ya que implica directamente decirle a alguien que usted espera convencerlo de hacer algo y ofrecerle algo a cambio en lugar de simplemente convencerlo de que tome la decisión de hacerlo. Esta franqueza no la hace particularmente manipuladora, sin embargo, ya que todo está sobre la mesa frente a la otra parte.

Definición de negociación

La negociación es la forma en que la gente intenta llegar a un acuerdo cuando no está de acuerdo. Intentan resolver sus diferencias y llegar a algún tipo de acuerdo discutiendo lo que está sucediendo y acordando hacer algunas concesiones, pero esperando que otras partes se mantengan para llegar a un compromiso en el que ambas personas obtengan algo de lo que quieren.

En última instancia, se trata de una técnica de resolución de problemas en la que dos personas son capaces de influirse mutuamente para dar un poco de beneficio. Reconocen que el mejor resultado posible es que todas las partes obtengan algo de lo que quieren en lugar de que todos se vayan insatisfechos. Incluso si algunas personas se van menos satisfechas de lo que podrían haber estado, todos se quedan al menos con algún tipo de felicidad o satisfacción por lo que ha sucedido. La negociación viene con varios pasos, todos los cuales son típicamente seguidos con el fin de llegar a una solución con la que todos estén contentos. Estos pasos son:

- Preparación
- Discusión
- Aclarar lo que todos quieren
- Negociar algo que todos puedan acordar
- Acuerdo sobre el curso de acción
- Aplicación del nuevo plan

Siguiendo estos pasos, la gente se queda más feliz de lo que hubiera sido sin la negociación, y todos se quedan con algo de lo que estaban pidiendo. Este compromiso final es increíblemente útil, puede ser utilizado en las relaciones personales para asegurarse de que todos consigan hacer lo que quieren alguna vez, o en las relaciones en el lugar de trabajo, en las que se puede negociar un aumento o más tiempo libre. Cuando se entiende cómo negociar, se prepara el terreno para poder obtener más de lo que se quiere, incluso si eso significa tener que conceder algo de lo que se pedía. Sin embargo, cuando se negocia, siempre se debe disparar a las estrellas mientras apunta a la luna, y pedir más de lo que realmente se quiere recibir.

Descubriendo la negociación

Tal vez la señal más reveladora de que alguien está tratando de negociar con usted es mirar la situación de frente y preguntarse si están negociando con usted, o si esto depende de la negociación. La gente suele estar dispuesta y feliz de negociar, o admite que está negociando, y las negociaciones solo sirven realmente para beneficiar a todos. Involucrados. Cuando se negocia con otros, es más probable que se consiga lo que se quiere, y la gente lo reconoce. La gente ve que la negociación es útil, y le dirán que están dispuestos a negociar o que están tratando activamente de negociar si usted se lo pide.

Cómo negociar

Cuando intente negociar, debe recordar un consejo clave: la negociación se produce dentro de las relaciones. Cuando se negocia con un jefe, se está negociando algo que va a impactar a todos. Si está negociando con un compañero o alguien con quien tiene una relación personal, va a querer asegurarse de que la otra persona también esté contenta. Es necesario que usted reconozca que otras personas también participan en las negociaciones y que reconozca que las negociaciones tienen que ser buenas para ellos también, o es probable que no lo acepten a largo plazo. He aquí varios de los pasos que debe utilizar cuando intente negociar con éxito.

Reclamar el valor

En última instancia, si usted está tratando de negociar, está tratando de reclamar más valor a través de varias estrategias. Puede hacerlo a través de varios pasos, incluyendo la creación de lo que está dispuesto a aceptar y lo que se considera demasiado bajo, lo que significa que usted tendrá un cierto punto en el que sabe que se irá. Por ejemplo, si está tratando de conseguir un trabajo con una determinada tasa de pago, comprenda cuál es la cantidad más baja por la que está dispuesto a trabajar y no tome menos de eso. También puede inflar esto al entrevistarse también en otros lugares y ser capaz de decir lo que otros están dispuestos a darle para bajar la presión.

Creando valor

Cuando usted crea valor, deja claro que está ofreciendo algo que los demás valorarán. Esto podría ser en ofrecerse a sí mismo para un trabajo si obtiene una cantidad específica de compensación, o en ofrecerse a hacer una cierta cantidad de algo para obtener algo a cambio. Sea lo que sea, debe afirmar que lo que está ofreciendo es valioso y que la otra persona debe quererlo.

Estrategias de influencia

¿Recuerda las propiedades universales de influencia y persuasión? Póngalas en juego aquí. Utilice lo que aprendió en esa sección y úselas en la negociación. Cuando lo haga, es mucho más probable que consiga lo que quiere. Como recuerda, los seis principios universales son:

- Reciprocidad
- Compromiso y coherencia
- Prueba social
- Autoridad
- Agrado
- Escasez

Si los usa, es probable que vea los resultados que desea.

Puntos ciegos

Reconozca los puntos ciegos de la negociación y llénelos. Estos tres puntos ciegos asesinos en las negociaciones incluyen:

- **La relación no es igual ni se gana con confianza:** Esto significa que el hecho de que usted haya desarrollado una relación con alguien no significa que es probable que le den lo que quiere o necesita. Es totalmente posible crear una relación sin crear confianza, y a su cliente le puede gustar mucho sin confiar realmente en que seguirá adelante. Esto puede destruir las negociaciones cuando se da cuenta de que el cliente no confía en usted. En su lugar, haga una prueba de credibilidad con una prueba fácil: ver cuán dispuesta está la otra persona a aceptar la acción.

- **Los beneficios corporativos no ayudan con los miedos personales:** Esto se refiere al hecho de que cuando se hacen negocios y se realizan ventas, no importa cuán segura sea una corporación; la gente temerá el cambio o se sentirá incómoda con lo que está sucediendo. La gente prefiere lo familiar y sin ello, a menudo se sienten incómodos. Usted puede ayudar a evitar que los miedos personales acaben con su negociación preguntando si hay algo que hace que la otra parte se sienta incómoda o si le gustaría discutir alguna preocupación.

- **El acuerdo no es un compromiso:** Esto se refiere al hecho de que a menudo, un acuerdo no es vinculante. Usted puede acordar hacer algo, pero también puede cambiar de opinión y hacer otra cosa, especialmente si no tiene nada que le obligue a cumplirlo. Cuando esto sucede, puede perder en las ventas o en el cumplimiento de su parte del trato. Para prevenir este punto ciego, puede involucrar discusiones controladas en las que se discuta un compromiso real. Esto permite la discusión sobre las reservas y cualquier otra cosa mientras se avanza activamente hacia un compromiso.

Confrontando las mentiras y el engaño

Cuando se está negociando y se detectan signos de deshonestidad o engaño, es el momento de utilizar las habilidades que se aprendieron en el capítulo anterior, en el que se aprendió a cuestionar y desafiar el engaño y las personas potencialmente deshonestas. Haga las preguntas necesarias y no tenga miedo de echarse atrás si siente que la otra persona es deshonesta. Las negociaciones dependen de la confianza para ser verdaderamente honradas, y si siente que la otra persona no está siendo honesta, no puede confiar en ella.

Reconocer y resolver los dilemas éticos

Esto se hace a través de una constante discusión. Siempre debe preguntar a la otra persona cómo se siente con lo que está sucediendo y abordar cualquier preocupación en el momento. Recuerde, la negociación es una forma natural de persuasión en la que usted es claro con la otra persona que quiere que haga algo. Esto se hace a través de la honestidad y la discusión, y puede preguntar a la otra persona qué es lo que desea ver o lograr a través de las negociaciones, y preguntarle sobre cualquier reserva que pueda tener. Si tienen alguna reserva, siempre debe dirigirse a ellos. Debe abstenerse de mentir o esquivar cualquier pregunta o preocupación para mantener las negociaciones éticas y respetuosas.

Negociar desde una posición de debilidad

En última instancia, lo más importante que hay que recordar es que cuando se quiere negociar, hay que hacerlo desde una posición de debilidad. Cuando busca negociar y lo hace desde la debilidad, solo tiene cosas que ganar, mientras que si intenta negociar cuando ya está en la delantera, es más probable que pierda en las cosas que tiene en lugar de mejorar su posición. Por supuesto, siempre debe estar dispuesto a negociar si alguien se acerca a usted, o al menos, debe estar dispuesto a escucharle, pero tampoco está bajo presión para aceptar si las negociaciones le costarán demasiado.

Cuándo no negociar

En última instancia, las negociaciones suelen ser bastante fáciles de llevar a cabo. Sin embargo, hay algunas situaciones en las que las negociaciones no son su mejor opción. A veces, es mejor alejarse o aceptar lo que se ofrece en lugar de tratar de negociar. He aquí cuatro ocasiones en las que la negociación no vale la pena.

No vale la pena los recursos

A veces, las negociaciones no valen los recursos. Pueden requerir demasiado tiempo para hundirse en ellas, o pueden requerir que pague demasiado dinero por algo que potencialmente estaría ganando. Debe sopesar si las negociaciones le beneficiarán o solo le harán retroceder más de lo que realmente quiere ganar. Si gastará mucho más en honorarios legales que en lo que su negociación le reportaría, por ejemplo, probablemente sea mejor que se salte la negociación por completo.

No tiene un buen apalancamiento

A veces, simplemente no tiene suficiente poder de negociación para conseguir lo que quiere. Necesita poder ofrecer algo para obtener algo a cambio, pero si no tiene nada que ofrecer, no es probable que llegue a ninguna parte en sus negociaciones y es mejor que acepte lo que se le ha ofrecido.

Las negociaciones enviarían una señal equivocada

A veces, negociar solo servirá para enviar una señal equivocada, como cuando se le dio algo de buena fe. Por ejemplo, si alguien se ofrece a comprarle un helado para pagarlo por adelantado, no intente negociar para conseguir tres helados porque quiere llevarle algunos a su cónyuge e hijo también —a caballo regalado no se le miran los dientes. A veces, cuando intenta negociar, solo va a molestar y ofender a la otra parte y potencialmente perderá la posibilidad de conseguir cualquier cosa, y debe aceptar lo que se le ofrece.

Las negociaciones son culturalmente inapropiadas

A veces, las negociaciones simplemente no son apropiadas. La gente no negocia el costo de sus alimentos o su atención médica cuando está en los Estados Unidos. Simplemente no es culturalmente apropiado en los Estados Unidos, y por lo tanto la gente no lo hace. Si usted lo intentara, probablemente se reirían de usted y le diría que pague todo el precio o se vaya. Necesita saber si es culturalmente apropiado negociar o no, y si no lo es, necesita reducir sus pérdidas y no molestarse.

Capítulo 12: Control mental

Si bien el control mental entra en la categoría de influencia y persuasión, también es en gran medida poco ético. Esto es lo que se vería dentro de los cultos, organizaciones terroristas y relaciones abusivas con el fin de obtener el control de otra persona. Se utiliza estrictamente para el beneficio del manipulador sin tener en cuenta el individuo que está siendo controlado. No es ético y en gran medida debe evitarse si se intenta influenciar a las personas de manera ética. Sin embargo, puede ser útil comprenderlo para poder identificarlo antes de que le suceda a usted.

Definición del control mental

El control mental no significa que usted esté literalmente controlando la mente de otra persona a distancia, sino que es capaz de mover los hilos adecuados para obtener los resultados que está tratando de obtener. Usted es capaz de cambiar los pensamientos de la persona en algo que cree que es mejor para todos los involucrados, o es capaz de convencerlos para que actúen de ciertas maneras sin esfuerzo. Implica la interrupción de los procesos de pensamiento de una persona, secuestrando su identidad y capacidad de tomar decisiones, tener ciertos valores o relaciones, y hacer que tengan una nueva forma de pensar. Elimina la capacidad de la persona de tener libre albedrío, comprometiendo su capacidad de pensar con claridad al insertar sus propios pensamientos en la mente de la otra persona.

Este proceso lleva tiempo, es lento y sutil, se apodera lentamente de la mente de la persona sin que sea consciente de que está sucediendo. No se dan cuenta de que alguien más está orquestando todo, y con el tiempo, el sentido del yo de los demás se erosiona. Se supone que es perjudicial, y aunque puede que no implique fuerza física, sí incluye presión psicológica.

El control mental es quizás más peligroso y efectivo para controlar a otra persona porque nunca implica violencia física. Las señales de alarma son tan increíblemente sutiles que nadie se da cuenta hasta que es demasiado tarde. Incluso cuando la persona ha llegado a reconocer al individuo de confianza como un manipulador, puede ser increíblemente difícil borrar todos los cambios que el manipulador ha hecho, ya que están tan profundamente arraigados y son tan difíciles de separar de los pensamientos naturales del individuo que no pueden hacerlo por sí mismos.

Usando el control mental

El control mental comienza sutilmente, pero evoluciona con el tiempo. Comienza pareciendo bastante inocente hasta que eventualmente controla el pensamiento de la otra persona por completo. Si busca controlar la mente de alguien, hay siete pasos a seguir:

Piense por ellos

Si le repite algo a alguien lo suficiente, empezará a creerlo. Puede hacer esto a través de la repetición constante, aunque tiene que hacerlo de forma natural. Por ejemplo, si quiere convencer a alguien de que está mejor con usted como pareja, para preparar el escenario para poder hacer lo que quiera dentro de la relación, debe repetirlo a lo largo del tiempo. Siempre recuérdele lo afortunado que es de tenerle, y empezará a creerlo. Su tolerancia por lo que usted podría hacerle aumentará lentamente, porque no importa lo que usted haga, les recuerda que tiene suerte, incluso con lo malo.

Crítica

La gente tiene miedo de ser criticada. Les hace sentir como si estuvieran equivocados o que están siendo excluidos, y lo odian. Si usted quiere manipular a la otra persona para que le escuche o haga lo que sea que esté pidiendo, debe hacerlo a través de la crítica. Con el tiempo, las críticas que anuncie quebrantarán la autoestima de la otra persona, haciéndola más fácil de controlar.

Aislamiento

Las personas son vulnerables cuando están solas. Si usted puede eliminar la red de apoyo de alguien, no tendrán nada que los defienda del abuso o la manipulación que usted pueda usar, ya que nadie más estará allí para ver las banderas rojas o proteger a la persona que estás manipulando.

Privación de sueño

La gente se vuelve mucho más susceptible a la persuasión si se los manipula cuando están exhaustos. No serán tan capaces de resistir cuando estén exhaustos, y se ha descubierto en estudios que las personas empiezan a sentir los efectos de esto después de solo 21 horas sin dormir, lo que hace que sea un método fácil de usar.

Amenazas de rechazo

A menudo, esto puede ser suficiente para mantener a raya a los que están aterrorizados de estar solos. Si se les amenaza con dejarlos, es mucho más probable que se sientan inclinados a seguir lo que se les pide porque no quieren decepcionar y no quieren estar solos. Pueden sentir que están condenados si están solos, o que les aterroriza estar sin su manipulador, sobre todo si se han convencido completamente de que tienen la suerte de tener al manipulador en una relación con ellos.

Bombas de amor

Esto se refiere a la tendencia de algunas personas de cubrir a las personas con amor, afecto y afirmaciones de su grandeza durante un corto período de tiempo para esencialmente colocar a la persona en un pedestal. Esto crea una adicción artificial al individuo, que se utiliza cuando el manipulador decide retirar el afecto y la atención, esencialmente poniendo a la víctima en retraimiento y sintiendo que necesita hacer todo lo que esté a su alcance para volver a la buena voluntad del manipulador.

Control mental vs. lavado de cerebro

Hay una distinción muy clara entre el control mental y el lavado de cerebro. El lavado de cerebro comienza cuando la víctima entiende que la otra persona es un enemigo. La persona es consciente de que a la otra persona no le gusta y no tiene sus mejores intereses en mente. Sin embargo, con el tiempo, con el lavado de cerebro, el individuo llega a cambiar su sistema de creencias en uno que es más propicio para mantenerse vivo. En lugar de odiar al enemigo, se adaptan y renuncian a algunos de sus propios valores para mostrar que harían algo que el enemigo aprueba para que el abuso termine y se mantenga vivo. A menudo, el lavado de cerebro de la persona es muy violento físicamente, y la persona no tiene otra opción que conformarse o morir. El lavado de cerebro típicamente se desvanece a medida que la persona es alejada del responsable.

Por otro lado, el control mental es más insidioso. Es sutil y la persona que lo recibe no tiene idea de que está sucediendo. A menudo, el que controla es un amigo cercano o un miembro de la familia, o alguien más en una posición de confianza para el que está siendo controlado. La víctima no está cediendo a los valores de la otra persona en un intento por sobrevivir o mantener una relación, sino que ha sido alimentada lentamente con información y pensamientos que han cambiado lentamente su proceso de pensamiento. El manipulador ha logrado, de manera lenta, pero segura, apoderarse de los pensamientos y sentimientos de la otra persona y lo hace de adentro hacia afuera. Esto significa que no ha habido ningún daño que haya desencadenado los pensamientos y sentimientos. No hubo lugares perceptibles donde la manipulación ocurrió. La persona que está siendo controlada mentalmente no entiende cuándo o cómo sucedió, pero de repente se dio cuenta un día que los pensamientos dentro de su mente no eran suyos.

Señales de intento de control mental

Cuando usted intenta identificar si alguien le está controlando la mente, hay cinco factores clave que debe buscar:

Aislamiento

A menudo, los que intentan manipular a alguien más, implican aislamiento. Esto se debe a que cuando alguien está aislado, el único contacto de ese individuo con otras personas es el manipulador. Si su cónyuge o pareja de repente tiene un problema con cualquier intento de ir a ver a otra persona o de hacer amigos fuera del matrimonio o de la relación, puede que esté intentando mantenerle a solas. Cuando está solo sin nadie más con quien hablar, es mucho más probable que caiga en la trampa de lo que le esté diciendo el manipulador simplemente porque no tiene a nadie más disponible para hablar con usted. No tiene a nadie que le diga que lo que está pasando no tiene sentido. Está solo y vulnerable, que es exactamente lo que el manipulador quiere. El manipulador tratará de separarle de sus amigos y familiares, e incluso puede tratar de sabotear todas esas relaciones, junto con sus relaciones en el lugar de trabajo, simplemente porque quiere tenerlo solo bajo su pulgar.

Mal humor

Vigile a su pareja cuando usted no haga lo que sea que le pida. ¿Parece enfadado? ¿Le hace sentir mal por lo que está haciendo hasta el punto de que incluso usted podría ceder y cambiar su propio comportamiento para detenerlo? Si se siente como si estuviera atascado caminando sobre cáscaras de huevo para complacer a la otra persona con el fin de evitar una discusión, está viendo los primeros signos de que su mente está siendo controlada y que la otra persona ha tenido éxito. Su comportamiento está cambiando en respuesta a la otra persona según lo que esta quiera, y eso no es saludable ni está bien en una relación. Nunca debe cambiar quién es usted en respuesta a otra persona, y aunque la comunicación, el compromiso y las negociaciones son saludables y necesarias a veces, no implican cambiar sus reacciones instintivas ante las cosas.

Metacomunicación

La metacomunicación se refiere a todos los comportamientos sutiles, típicamente inadvertidos, en los que una persona se involucra y que revelan su estado de ánimo y establecen el escenario para las interacciones. Son pequeños y están destinados a transmitir lo que se siente en el momento. Por ejemplo, si usted le pregunta a su pareja si le gustó un regalo que le dio, y le dice que sí mientras suspira y no le mira, sabe que en realidad no hizo un buen trabajo al elegir el regalo. A menudo, aquellos que buscan controlar la mente de los demás utilizan esta metacomunicación intencionadamente para añadir una especie de pensamientos subliminales e inconscientes a la mente de la otra persona.

Programación neurolingüística

La PNL, como recuerda, implica colocar pensamientos en la mente de una persona a través del lenguaje para convencerla de hacer ciertas cosas. Como recuerda, implica usar un lenguaje que evoque ciertas respuestas de la otra persona, como hablar con alguien muy orientado visualmente con palabras como "¿ves lo que digo?" para que sea más probable que estén de acuerdo con usted o que hagan lo que les pida.

Controlar el comportamiento

A menudo, aquellos que intentan manipularle utilizarán conductas de control para hacerlo. No le permitirán hacer lo que usted quiera cuando quiera, y le obligarán a cumplir horarios estrictos. Incluso pueden empezar a regular cuándo puede hacer cosas como comer, dormir o usar el baño en un intento de controlar su mente y lo que está haciendo. Esto es insalubre e inhumano y no debería estar sucediendo en su relación. Cuando esto ocurre, es evidente que la otra persona está tratando de secuestrar su mente y ha llegado lo suficientemente lejos como para poder influir incluso en sus acciones y funciones más básicas.

Prevenir el control mental

Si alguno de los anteriores le resulta familiar, puede que necesite evitar que el control mental empeore. Nunca debe sentir que se está perdiendo con otra persona, y si está sucediendo, es hora de recuperar su propio control. A continuación, se presentan algunas formas de protegerse del control mental:

Permanecer cerca de los amigos y la familia

El manipulador busca separarle de los amigos y la familia porque le quiere para sí mismo. Sin embargo, nunca debe sacrificar las relaciones existentes por otras nuevas. Sus amigos y familia son increíblemente importantes, y ninguna persona que le quiera le exigirá que se alejes de todos sus amigos y familia sin ninguna razón. Siempre debe insistir en permanecer cerca de estas personas en su vida y negarse a aceptar un no por respuesta. Usted es su propia persona con sus propias relaciones, y su pareja o quien sea que esté tratando de controlar su mente necesita aceptarlo. Si aun así se pelean por eso, probablemente debería terminar la relación por completo.

No ceda a las rabietas o al mal humor

¿Usted sabe que nunca debe ceder al berrinche de un niño? Trate a los adultos de la misma manera, especialmente si están siendo manipuladores. No se rinda cuando su pareja está siendo malhumorado en un intento de controlarle, ya que hacerlo solo lo recompensaría con la atención y el resultado que está tratando de obtener. Recuerde que usted no es responsable de los estados de ánimo o emocionales de los demás, y si la otra persona quiere enfurruñarse, déjela, pero no deje que se interponga en su camino.

Preste atención a las señales no verbales - y no deje que le influyan

Si el manipulador en su vida está intentando manipularle con pequeñas señales no verbales o metacomunicación, no se rinda. Puede reconocer el lenguaje corporal y la desconexión entre lo que se dice y lo que se refleja, pero no actúe sobre el lenguaje corporal. Simplemente reconozca lo que se dice y siga adelante, o pregunte por qué el lenguaje corporal no coincide con el lenguaje verbal. No tiene que ser responsable del estado de la otra persona.

Contrarrestar la PNL

Aunque esto es difícil de detectar, ya que normalmente implica mucho entrenamiento y práctica, debe buscar la sensación de haber conocido a la persona perfecta. Preste atención para ver si le está reflejando regularmente o si está usando frases que no parecen coincidir con lo que está sucediendo en el momento. Debería ser capaz de reconocer cuando alguien está diciendo cosas repetitivas, y puede llamarle la atención sobre ello o elegir dejarlo.

Negarse a renunciar a la autonomía

Cuando alguien intenta controlarle a través de reglas o exigencias irracionales, puede simplemente decir que no. Si sus amigos le dicen que las cosas no parecen normales o aceptables, debe confiar en ellos. Recuerde qué les diría a sus amigos si viera alguna bandera roja evidente en sus relaciones, por lo que es probable que ellos hagan lo mismo con usted. Si sigue sus consejos y presta atención a sus advertencias, es más probable que pueda escapar del control mental.

Capítulo 13: Habilidades sociales reales

En última instancia, la manera más genuina de influenciar y persuadir a los que le rodean es a través del desarrollo de sus propias habilidades sociales. Usted quiere ser capaz de asegurar a la gente que quieren ayudarle debido a sus propias motivaciones internas en lugar de sentir que deben hacerlo, o que están siendo coaccionados o manipulados para ello. Estas son las habilidades que desarrolla a través de la inteligencia emocional, que le llevan a ser un líder nato y un individuo genuinamente querido.

¿Cuáles son las verdaderas habilidades sociales?

Hay varias habilidades sociales que son absolutamente cruciales para el éxito en el mundo. Como adulto funcional, usted debe entender cómo comportarse en situaciones sociales, y si puede y lo hace, es probable que desarrolle una relación e influencia natural a medida que las relaciones evolucionan. Las habilidades sociales más importantes son:

Contacto visual

El contacto visual parece ser un arte perdido en la era actual. La gente siempre está tan perdida en sus computadoras, sus teléfonos, sus tabletas y otros dispositivos tecnológicos que nunca mantienen o hacen contacto visual. Recuerde, el contacto visual tiende a indicar que está escuchando a la otra persona, por lo que cuando no se devuelve o se mantiene regularmente, es difícil sentir que se le está escuchando o que se están valorando sus palabras.

Lenguaje corporal apropiado

Las señales no verbales son increíblemente importantes. Recuerde la lista de lenguaje corporal al principio de este libro, y utilícela. Asegúrese de presentarse como abierto y accesible cuando sea posible y aplicable. Si tiende a sentarse con los brazos cruzados, parecerá cerrado y la gente no se acercará a usted. Asegúrese de prestar atención a la forma en que está parado y a las posiciones que toma para asegurarse de transmitir el mensaje correcto en el momento adecuado, incluso cuando no está hablando en voz alta.

Entendiendo lo asertivo versus lo agresivo

La gente parece luchar con la diferencia entre ser asertivo y agresivo. Es importante ser asertivo a veces, especialmente si está discutiendo algo que le apasiona, pero algunas personas son capaces de llevar esa asertividad demasiado lejos y caer en el reino de la agresión. Recuerde que demasiado contacto visual y cierto lenguaje corporal pueden resultar agresivos, y que, si se muestra agresivo, no es probable que obtenga los resultados que desea. Del mismo modo, si el tono y la elección de palabras resultan agresivos, no es probable que vea muchos avances en sus relaciones.

Elegir cómo comunicarse de forma efectiva

La gente tiende a olvidar que cierta comunicación siempre es mejor en persona. Es inapropiado, por ejemplo, elegir un argumento a través de un texto o un correo electrónico, sobre todo porque no se puede oír el tono del texto o del correo electrónico, y no se puede sentir empatía o comunicarse de ida y vuelta a través de las palabras de manera significativa. Asimismo, a veces, el cara a cara es la mejor opción para las noticias que pueden implicar grandes emociones. Por eso, en los consultorios médicos se llama a los pacientes para verlos cuando tienen que dar malas noticias o malos resultados de laboratorio, en lugar de hacerlo por teléfono o por correo electrónico.

Flexible y dispuesto a comprometerse

Si siente que su camino es el único correcto, nunca le irá muy bien socialmente. Tiene que entender que a veces usted se equivoca, y eso es todo. Eso está bien, y estar dispuesto a cooperar con alguien más y a seguirlo si su método no funciona.

Capaz de aceptar las críticas

Puede ser difícil aceptar una crítica en el momento si siente que no es genuina o merecida, pero tiene que aprender que otras personas tienen mentalidades diferentes, y eso está bien. Necesita aceptar que ellos pueden ver las cosas de manera diferente, y su perspectiva es tan importante como la suya. Tiene que estar dispuesto a ver sus críticas para que funcionen bien más tarde.

Positivo y optimista

Nadie quiere lidiar con compañeros de trabajo o amigos negativos —si usted siempre está bajando el ánimo, puede ser el momento de revisar sus propios comportamientos. Las personas que sobresalen en las situaciones sociales son las que se mantienen positivas más a menudo. Su actitud positiva atrae más positividad y son más felices en general.

Estar dispuesto a aprender y a escuchar

Nadie termina de aprender. El aprendizaje ocurre a lo largo de toda la vida, e incluso cuando se estás muriendo, todavía habría más que aprender ahí fuera para usted. Recuerde que siempre encontrará cosas que aprender de los que le rodean, y eso está bien. Incluso aquellos que son más hábiles en sus campos pueden encontrar información útil para aprender de otras personas o de sus propios fracasos. También debe estar dispuesto a hacer preguntas y estar interesado en lo que otras personas están haciendo.

Sea respetuoso

Siempre debe ser respetuoso con los demás. Nunca debe tratar a otra persona como si estuviera por encima de ella, ya que, en última instancia, no lo está. Cada persona tiene una valiosa visión que proporcionar en el mundo, y usted se está haciendo daño si se niega a reconocerlo. Incluso el empleado más principiante en un negocio tiene algo que compartir y algo que enseñar, ya sea una habilidad, un rasgo o un estado mental.

Acepte quién es, incluyendo los errores.

Siempre esté dispuesto a ser usted mismo y a aceptar que comete errores. No espere ser un robot que hace una cosa como los demás, debe reconocer que es único, incluso con sus errores. No debe avergonzarse de sus errores, o de lo que usted es.

Desarrollo de buenas habilidades sociales

Las buenas habilidades sociales son absolutamente cruciales para sobrevivir a la sociedad en su conjunto. Si siente que está luchando, aquí tiene algunas claves para desarrollar buenas habilidades sociales que pueden ayudarle en sus esfuerzos por ser un miembro mejor de la sociedad y mejorar sus relaciones con los demás.

Cómo dar una buena impresión

Solo podemos hacer las primeras impresiones una vez, y por eso, hay que hacer que cuente la primera vez. Hacer esto es sorprendentemente simple, puede hacerlo con solo unas pocas habilidades clave.

- **Llegue a tiempo** - o mejor aún, llegar 5 minutos antes, y dese libertad para llegar a su reunión. Siempre planifique un retraso extra de 5 a 10 minutos, dependiendo de la distancia que vaya a recorrer, e intente a llegar temprano.

- **¡Vístase apropiadamente!** Siempre debe estar vestido y preparado para el escenario. Si va a una entrevista, su ropa debe reflejar el código de vestimenta de la compañía.
- **Sea usted.** No intente ocultar quién es, ya que debe estar seguro de encajar bien con la otra persona. Aunque intente dar una buena impresión, esta no tiene sentido si no es auténtica.
- **Sonría.** Todo el mundo responde bien a las sonrisas y normalmente pueden provocar que la otra persona sonría junto con usted. Esta es una gran noticia, significa que es más probable que les agrade.

Convertirse en un buen conversador

Aprender a hablar parece ser algo natural para algunos, pero otros luchan con ello. Por suerte, aprender a ser un buen conversador es relativamente simple. Solo hay que seguir estos pasos esenciales.

- **Preocúpese genuinamente por lo que dice la otra persona.** Haga preguntas que le permitan conocer a la otra persona. Las preguntas sobre los hobbies, la vida, las motivaciones y otras preguntas similares le ayudarán a desarrollar una comprensión de quién es la persona que está delante de usted y en qué puede estar interesada.
- **Manténgase positivo.** A menos que hable con alguien cercano, no debería hablar del pasado o de lo que ha sucedido. Trate de mantener conversaciones más formales o estructuradas mucho más positivas y dirigidas hacia el futuro en lugar de que le mantengan enfocado en el pasado.
- **Manténgalo como una conversación.** No está tratando de debatir con la otra persona, está teniendo una conversación. Quiere que sea algo ligero si quiere que la otra persona siga hablándole.
- **Sea respetuoso.** Asegúrese de permitir que la otra persona hable y no desacredite o discuta sus perspectivas.

- **Las conversaciones deben ser 50/50.** Usted y su compañero de conversación están teniendo una discusión y ambas personas deben participar en ella. Hable y deje que su compañero hable. Esto mantiene a ambas partes involucradas.

Cómo interesar a la gente

Puede ser difícil entrar en una habitación y no estar seguro de con quién hablar o por dónde empezar. Para evitar el tema por completo, puede interesar a otras personas en usted. Si quiere interesar a otros, debería hacer lo siguiente:

- **Mantenga la confianza.** La confianza es interesante y atractiva. La gente se siente atraída por las personas más seguras de sí mismas en la sala.
- **Sonría regularmente.** Las sonrisas también son atractivas, la gente las ve como una invitación y una señal de que usted no es una amenaza.
- **Asegúrese de que su lenguaje corporal sea abierto y atractivo.** Recuerde, cerrar su lenguaje corporal solo sirve para que la gente lo evite. Considere esto como otro recordatorio para revisar la sección de lenguaje corporal al principio del libro. Lo necesitará.
- **Sea amable.** Asegúrese de que su interacción con la persona sea amistosa y relajada. Debería estar contento de interactuar y la otra persona debería sentirse atraída por su apertura y amabilidad.
- **Hable sobre usted y haga preguntas sobre la otra persona.** Recuerde sus habilidades de conversación. Le ayudarán mucho.

Haga que la gente le aprecie

A la gente le gustan los que hacen tres cosas:

- **Sea simpático:** A la gente le gustan naturalmente aquellos con los que se pueden relacionar. La familiaridad es cómoda, y no hay excepción cuando se conoce a otras personas.

Haga algo que le humanice a los ojos de la otra persona: hable de un hobby compartido o comparta algo personal sobre usted.

- **Ofrezca cumplidos:** A la gente le encanta que la feliciten. Les hace sentir bien consigo mismos y también les permite verle a usted como un amigo o aliado por hacerlo.
- **Ofrezca cooperación:** A la gente le gusta naturalmente que trabajen juntos por objetivos comunes. Serán más felices si usted hace algo que les ayude a alcanzar sus objetivos o si les ayudas de alguna manera. Ofrézcase a ayudar a alguien a llevar algo o a conseguirle una bebida o una servilleta en un evento social.

Manejo de las quejas

Ser capaz de manejar las quejas requiere tacto y habilidad, y aunque no es necesariamente algo que le salga natural a todo el mundo, usted también puede aprender a hacerlo. Aquí hay cinco pasos para manejar las quejas:

- **Mantenga la calma:** Puede ser difícil mantener la calma cuando alguien se está quejando, pero sepárese del problema. Todos serán más felices si puede evitar personalizarlo.
- **Escuche:** Si escucha, no solo dejará que la otra persona se desahogue, sino que también le hará ver que está interesado en resolver el problema, lo que puede calmar la situación.
- **Reconozca que hay un problema:** Reconozca lo que ha sucedido y asegúrese de aclarar que sabe cuál es el problema.
- **Pregunte por los hechos:** Asegúrese de escuchar todo lo que la otra persona tiene que decir y trata de entender dónde ocurrió la desconexión.
- **Ofrezca una solución al problema:** El último paso para resolver una queja es ofrecer algún tipo de solución a la queja con la que la otra persona esté contenta. Este es el paso más importante.

Ganar cooperación

Si quiere fomentar la cooperación, debe dejar claro que se espera cooperación. Necesita hacer que la cooperación sea parte de la cultura de su lugar de trabajo, hogar, relación o cualquier otro contexto en el que intente conseguirla. Asegúrese de que todos tengan los recursos necesarios, y asegúrese de estar disponible para ayudar cuando se produzcan conflictos. El objetivo es asegurarse de que todos cooperen pacífica y felizmente, y aunque inevitablemente habrá conflictos en algún momento cuando la gente esté cerca, es necesario dejar claro que los conflictos pueden resolverse.

Criticar con tacto

Ofrezca su crítica en una especie de sándwich de cumplidos. Esto significa que su crítica debe ponerse entre dos cumplidos para entibiar a la otra persona y dejarle claro que su crítica es para ayudar y no para herir.

Cómo hacer enemigos y cómo evitarlos

Desafortunadamente, es muy fácil hacer enemigos sin querer. Puede hacer una cosa mal y de repente perder una buena amistad. Sin embargo, puede aprender a evitar hacer enemigos simplemente aprendiendo qué malos comportamientos deben evitarse. Cuando usted evita estos malos comportamientos, es mucho menos probable que haga enemigos que si estuviera constantemente involucrado en estos errores sociales.

Malos comportamientos a evitar

- **Mentir:** Esto daña las relaciones y la honestidad. Desafortunadamente, se usa comúnmente, especialmente en la comunicación no verbal, como a través de correos electrónicos cuando no está cara a cara con otras personas.

- **Anhelar la violencia:** La gente parece estar predispuesta a anhelar la violencia y la agresión, pero por supuesto, no es una buena tendencia para actuar en entornos sociales. Aunque nos interese la violencia, nunca debemos actuar sobre ella.

- **Robar:** Robar a los demás es una forma segura de meterse en problemas con los que le rodean. La gente no confiará en usted si es conocido por robar, así que es mejor evitar tomar el almuerzo de su compañero de trabajo de la nevera común.
- **Engañar:** En las relaciones románticas, engañar es un comportamiento social que sería mejor detener. A la gente no le gustan los infieles, y si se corre la voz de que usted es un infiel conocido, no es probable que mantenga su relación y estatus social por mucho tiempo.
- **Intimidación:** Meterse con otras personas solo por diversión no es nunca una buena imagen. La gente no disfruta de los matones en su vida personal o profesional.
- **Ceder al estrés:** Si deja que el estrés y sus emociones gobiernen su vida, no es probable que sea feliz, ni que haga feliz a otras personas por estar a su alrededor.
- **Chismorrear:** Honre la privacidad de los demás y no comparta lo que ha oído a través de la reja. Le servirá más mantener las relaciones que arruinará con chismes tontos que compartiendo la última y jugosa primicia que escuchó en la sala de descanso.

Conclusión

¡Felicidades! Usted ha llegado al final de *Persuasión*. Esperemos que la información proporcionada aquí sea de gran beneficio a medida que avance en su vida. Recuerde, la información de este libro es estrictamente informativa y no tiene la intención de ayudarle a manipular, controlar la mente o herir a otras personas sin ética. No tiene que caer en la oscuridad para usar las habilidades que usan aquellos que están perdidos en la oscuridad. Puede aprender mucho a través de la forma en que la gente manipula a los demás, incluyendo la mejor forma de no caer en la trampa de ser manipulado usted mismo.

Dentro de este libro, usted fue guiado a través de varios conceptos diferentes. Aprendió todo sobre las emociones, la empatía y el lenguaje corporal. Recuerde todo el lenguaje corporal que aprendió — de todo lo que hay en este libro, esa puede ser una de las mejores habilidades por fomentar y desarrollar. Aprendió varias formas diferentes en que la gente puede controlar, influenciar y persuadir a otras personas para que hagan lo que quieren o necesitan. Aprendió todo acerca de cómo la gente prefiere interactuar con otros, así como cómo desarrollar de forma genuina y natural el tipo de persuasión e influencia que tanta gente desea. También se le enseñó cómo desarrollar varias habilidades sociales que son de suma importancia si desea tener éxito.

En última instancia, la información de este libro debe guiar su propio comportamiento. Deje que esto le permita ir por su vida, informado y consciente de cómo sus propios comportamientos influyen en los demás. Observe el lenguaje corporal de los que le rodean y vea con qué facilidad pueden ser influenciados por sus propios comportamientos. Aprenda de las habilidades de negociación para asegurarse de ser capaz de conseguir lo que desea mientras continúa dando a los demás. Recuerde cómo mantener éticas sus interacciones con los que le rodean, incluso si entiende cómo tomar el control y manipularlos en obediencia para hacer lo que sea que esté buscando.

Puede usar la información que se le ha proporcionado para bien. Puede usarla para mejorar sus relaciones, su carrera y su vida social. Si entiende cómo interactúan las personas con los demás, puede asegurarse de interactuar positivamente. Puede hacer que cada interacción con otras personas sea positiva y satisfactoria para todos los involucrados. Sobre todo, puede desarrollar las habilidades que necesita para desarrollar naturalmente y ganar su propio tipo de habilidades de liderazgo. La gente buscará naturalmente seguirle si desarrolla su inteligencia emocional. La gente naturalmente buscará seguirle y escucharle si tiene habilidades sociales avanzadas. Puede usar todo eso a su favor para asegurarse de que tanto usted como los que le rodean sean felices con la vida. Use su iluminación y conocimiento para el bien, y vaya ahí fuera, armado con el conocimiento que necesita para persuadir a otros, tanto para su propio beneficio como para el de ellos.

www.ingramcontent.com/pod-product-compliance
Lightning Source LLC
Chambersburg PA
CBHW030114240426
43673CB00002B/73